business | 企业管理

bus

移动思维变革

泰德·谢德勒（Ted Schadler）
［美］乔希·贝诺夫（Josh Bernoff）◎著
朱莉·阿斯克（Julie Ask）

赵雯雯 刘晓萌 郑张◎译

中信出版集团·CHINACITICPRESS·北京

图书在版编目（CIP）数据

移动思维变革 /（美）谢德勒，（美）贝诺夫，（美）阿斯克著；赵雯雯，刘晓萌，郑张译. —北京：中信出版社，2015.9
书名原文：The Mobile Mind Shift: Engineer Your Business to Win in the Mobile Moment
ISBN 978-7-5086-5248-1

I. ①移… II. ①谢… ②贝… ③阿… ④赵… ⑤刘… ⑥郑… III. ①电子商务－研究 IV. ①F713.36

中国版本图书馆CIP数据核字（2015）第117985号

The Mobile Mind Shift: Engineer Your Business to Win in the Mobile Moment

Originally published in the United States by Groundswell Press 2014.
Published by arrangement with Forrester Research, Inc.

移动思维变革

著　　者：[美] 谢德勒　[美] 贝诺夫　[美] 阿斯克
译　　者：赵雯雯　刘晓萌　郑　张
策划推广：中信出版社（CITIC Press Corporation）
出版发行：中信出版集团股份有限公司
（北京市朝阳区惠新东街甲4号富盛大厦2座　邮编　100029）
（CITIC Publishing Group）
承 印 者：北京诚信伟业印刷有限公司

开　　本：787mm×1092mm　1/16　　印　　张：20.5　　字　　数：214千字
版　　次：2015年9月第1版　　印　　次：2015年9月第1次印刷
京权图字：01-2014-5912　　广告经营许可证：京朝工商广字第8087号
书　　号：ISBN 978-7-5086-5248-1 / F · 3406
定　　价：48.00元

服务热线：010-84849555　　服务传真：010-84849000
投稿邮箱：author@citicpub.com

THE
MOBILE
MIND
SHIFT

目录

第三章 制订移动互动计划

第四章 移动思维变革测量

第二部分 移动商业变革

第五章 销售变革

第六章 营销变革

第七章 产品变革

第八章 商业模式变革

第三部分 移动系统变革

第九章 员工转型

第十章 技术平台变革

第十一章 流程变革

第十二章 人员变革

THE MOBILE MIND SHIFT

序

客户时代正在向我们走来。

2013年，一些令人吃惊的事发生了。Netflix（网飞），一家为个人电脑、电视以及移动设备提供流媒体娱乐服务的公司，积累的用户是美国最大的有线电视公司Concast（康卡斯特）的两倍。Weight Watchers（慧俪轻体）把公司财务状况的不景气归罪于MyFitnessPal（减肥宝）之类的手机应用竞争商。The Home Depot（家得宝公司）宣布将投资3亿美元，用于服务那些让公司大跌眼镜的“转而选择移动技术”的客户。全球范围内从事信息工作的人之中，利用移动应用来帮助自己完成工作任务的占了1/4。

就在不久之前，公司都还在利用生产或分销的强大实力主导着它们的市场，拥有对交易价格、交易地点，以及产品和客户信息的绝对控制权。天平一直朝着有利于公司的方向倾斜。但是如今，曾经垂青于公司的同一股力量开始转而为客户创造优势。利用一个移动设备，你可以对比价格，查看产品评论，并且在任意地点下单。

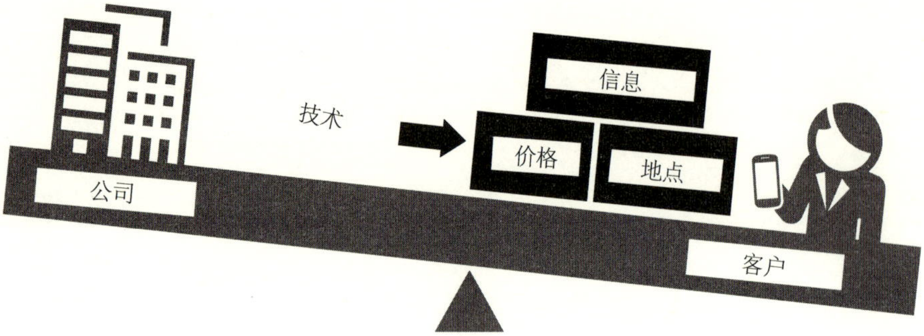

客户说了算。

你的销售策略必须要考虑到强大的客户，他们能够从一个近乎无限的供应商列表中任意选择。你的市场策略必须要专注于效用。你必须要承认权利的转移。简而言之，你必须要以客户为导向。

同样的转变也发生在公司的内部，尤其是技术部门。移动技术提升对公司系统的要求之时，技术部门却面临着预算的缩减。对公司的技术主管而言，这是个艰难的时刻：32%的公司决策者认为他们的IT（信息技术）部门实际上妨碍了业务的成功。

对这些技术主管而言，解决之道就是要聚焦于BT（business technology，商业技术），即那些能够赢得、服务、维持用户的技术、系统以及流程。最新的BT日程更加关注那些能够提供卓越用户体验的技术，而较少关注用不断缩减的资源来勉力维护公司系统的技术，包括利用新数字触点所产生的大量客户数据来更好地了解、服务客户。

这就是我们写下《移动思维变革》这本书的时代背景。移动是目前规模最大、渗透力最强且最具影响力的全球化趋势，它驱动着我们去面对用户时代。它不仅创造了用户对于某些商业服务的需求，同时也促使技术主管们为移动需求重构自身系统。

如果你希望你的公司能成功，那么就必须围绕用户时代重新改组。接触并满足用户的最好方法就是利用移动设备。为了做好这一点，你需要重新聚焦于你的战略、系统以及人员来提供移动互动。

我们会告诉你应该怎么做。

第一部分
掌握移动思维变革

THE
MOBILE
MIND
SHIFT

THE MOBILE

M I N D S H I F T

第一章 **移动思维变革**

——被移动时刻改变的世界

梵蒂冈，圣彼得广场，迈克尔·索恩已经在雨中等候了两天。迈克尔是生活在柏林的德国人，是一名天主教教徒，但他此行的目的并不是旅游。此刻他正拿着他 1 600 万像素的数码相机工作，为他的雇主美联社拍一张新任教皇的照片。

雨中，迈克尔和其他摄影师以及成千上万的人挤作一团，紧盯着西斯廷教堂上面的烟囱，希望能够看到象征着新任教皇选举结果的白烟出现。在枢机主教团宣布了教皇本笃十六世退位的消息后，时间已经整整过去了 48 小时，人们没有得到任何消息，只有黑烟（每天两次，一次在上午，一次在下午），这意味着主教们还没做出决定。

但是现在，也就是第二天的晚些时候，烟囱冒起了白烟。迈克尔和其他摄影师以及朝圣者们都激动起来，他们漫长而潮湿的等待终于有了回报。人们开始争抢位置。时间一分一秒地流逝。仿佛听到了神的指示一般，雨停了。迈克尔站在距离教堂阳台200米的地方，天色渐渐暗了下来，他开始怀疑还能不能拍到那个等待了许久的瞬间。

一个人走上阳台，他用力，只说了一个意大利单词:“晚上好。”声音漂浮在人群上空。朝圣者们已经准备好要铭记这个时刻。

不约而同地，他们举起了手中的智能手机和平板电脑。

阳台上站着的这个人，看到整个人群被智能手机的荧屏点亮。就在那个瞬间，作为摄影师的迈克尔·索恩意识到，正在发生的最为深刻的变革并不在阳台上，而是在围观人群的眼中和手中——他按下了快门。

这张照片，这张人群挥舞着他们的移动设备，记录教皇弗朗西斯一世第一印象的照片，作为一个标志性图像瞬间传遍了世界。迈克尔以一个摄影师的独特视角，注意到了罗马的观光者们是如何通过智能手机镜头去记录每一个景致的。“他们还没明白自己看到什么就离开了。”迈克尔告诉我们。现在，在圣彼得广场，同样的事情又发生了。在这样一个至高无上的时刻，他们拍摄的广场上正在发生的事情的照片和视频已经在Facebook、Twitter、Instagram、Vine、YouTube、Flickr、Tumblr和WhatsApp等网站上传播，也通过不可计数的转发电子邮件和短信在人与人之间传阅。移动设备已经成为他们全部经历的中心，举起它们似乎成了第二天性——他们和他们的手机共同经历了这个时刻。

他们转变为了移动思维。现在世界的其他地方都在变革，你准备好满足他们的需求了吗?

什么是移动思维变革

到底发生了什么？

iPhone 于 2007 年面世。到 2013 年，iPhone和它的竞争产品所提供的便利性和可控性已经成功推升了我们的期待值。就像那些朝圣者，我们已经知道，无论何时何地，想要的都能在智能手机上找到。你有智能手机，你非常清楚这一点。你管理个人事务的能力，无论是对生活还是对工作，都由此得到了极大提升。你开始期待更多。这些改变甚至连你都没有意识到。你对自己关注事物的掌控是如此自然，如此稀松平常，以至于完全忽视了它们。你希望通过移动应用（以及手机网站）获得更多信息和服务，这是生活的基本权利。

几乎在没有意识到的情况下，你和世界上的其他 10 亿人已经把手机看作自己的忠实伴侣。只要一有空闲，我们就会掏出智能手机，查收邮件，刷Facebook，玩游戏，看视频，或者上网。在中国，可能人们更多的是刷微信而不是Facebook，但变化是一样的。移动设备已经成为我们日常生活中的重要工具，但还不止于此。借助苹果和Google应用商店里的上百万个应用，移动设备已成为我们完成各类任务的好帮手。[1]我们不再等着坐下来上网，而是点击手机应用来买药、付账单、办理登机手续、买电影票、浏览职位信息，或者调好室温，这样我们到家的时候房子就暖暖的，又或者拍下车祸现场的照片并提出保险赔偿……

移动设备不只是在改善我们的个人生活，它们同样加快了我们的工作速度。所有工作文件都能上传到Dropbox（一款网络文件同步工具）。我们可以在开会之前用平板电脑调出任意一条客户记录，查看最新的订单情况，也可以在预算会议的现场查看销售数据。我们希望能用任何终端随时随地处理工作，无论公司是提供帮助还是试图阻止，都可以按照自己的步调行事。

变革正在加速。我们每天能做的事情越来越多，因为创业者和发明家抓住了由数十亿移动设备带来的新机遇。使用汽车服务网站订车去机场不错，Uber（优步打车，一款打车应用）更方便。你可以点击应用，看看有哪些豪华轿车备选，以及此刻它们与你之间的距离。再多点几个步骤，就能定好地点等司机来接。

eBay（易趣网）本来就很方便，你可以坐在电脑前下单，让他们把东西送到家。现在，eBay更加方便了，你可以预订任何东西，他们一小时之内就能送到你打算享用午餐的联合广场西南角的公园长椅上。

我们的生活已经成为一系列移动时刻的联合——只要掏出手机，无论在哪儿都能立刻完成某件事。

这些移动应用的累积使用经历带来了我们思维方式的转变。现在我们不仅能够完成新的任务，而且还期待着新的事情的发生。我们希望能够随时随地得到我们想要的任何东西，得不到就会失望。

不能立即找到自己想要的东西时，我们就会去手机或平板电脑上的应用商店寻求对应的服务：用Twitter来看新闻，用ESPN频道来查看最新体育赛事，用Google Maps来查找去菲伦泽（Firenza）的最佳火车路线，用Instagram来晒照片，在订餐之前用LoseIt!（一款减重应用）来计算卡路里，用Yelp来查找餐厅推荐信息，用OpenTable来预订座位。

移动时刻是全球性的。在北京，我们用滴滴打车来预订出租车，用安居客来找公寓，用景点通来获得有现场音乐演奏的深夜酒吧的推荐信息。在巴黎，我们用Solocal来查找离自己最近的家庭面包房。在印度尼西亚、泰国、柬埔寨和缅甸，我们用TootPay来帮助完成支付。在英国，用SkyGo可以收听我们最关注的体育赛事广播。在韩国，我们在KakaoTalk平台上玩由Anipang 推出的游戏。[2]

在我们这个时代，移动思维的变革才刚刚开始。到2017年，25亿人将拥有智能手机，九亿零五百万人将在家中或工作场合使用平板电脑——几乎是2013年的三倍。[3]这样一个用户群能持续获得他们所需的信息和服务，并且他们的智能手机或平板电脑能够获取的服务也都还在萌芽状态。100万个移动应用不是个小数目，但是世界上有超过9亿个公开网站和至少不低于该数目的公司内网。[4]所以我们敢打赌，到2020年移动应用会增长到1 000万个。

所有这些便利性与可控性都在创造一个巴甫洛夫条件反射：我们感受到一个需求，不管来得多么突然，都会打开一个应用去满足它。我们把这个巴普洛夫条件反射叫作移动思维变革。

移动思维变革是这样一种期待：我能在即时情境中或有需要的时候，得到我想要的东西。

到底发生了什么变革？我们的行为吗？当然。上网已无须等待，我们如今一直在线。掏出智能手机或平板电脑就能立刻得到想要的信息和服务。我们再也不会丢失或找不到资源。但是变革的还不只是行为，我们的思维也发生了变革。

我们的思维在两个基本层面上发生了转变。一个是期望值的转变：我们期望在任何时候、任何终端上都能得到自己想要的。已经有52%的移动终端“重度”使用者表示，在智能手机上找不到自己想要的东西时会觉得很沮丧。[5]另一个转变在于对我们关注事物的掌控：我们的文件和照片，财务信息，甚至血糖仪和家里的烟雾探测器。我们还希望能掌控工作，例如开会或服务客户时所需要的信息等等。

在每个移动时刻重新定义一段关系

移动思维变革已经改写了公司和客户之间的关系法则。发生移动思维变革的客户和员工会拿出手机或平板电脑，期待移动时刻的服务。什么是“移动时刻”呢？很简单：

移动时刻是时间和空间上的一个点，即某人拿出一个移动设备，在当时环境中即时获取他想要的东西。

移动时刻重新定义了每一种客户关系。如果客户在一个移动时刻需要某种信息或服务，那企业一定要抓住这个时刻展现自身实力。若能展现出来，客户就会对你形成依赖，加深忠实感，并为企业提供可以用来进一步改进关系的宝贵信息。

这是真正的客户时代——赢得、服务以及维系客户已经成为公司赢利和形成差异化的不二法门。[6]但是如今，服务客户意味着在他们的移动时刻提供服务，如果你没有把握住这些时刻，那么客户就会转投那些能够提供更好移动服务的人。是谁准备好了在移动时刻服务他们呢？是创业家，越来越多的创业家。

创业家思维如何利用和催生出移动思维变革

少数创新公司和大批创业家已经知道了在客户移动时刻如何运用技术手段

去解决问题。这些数字时代的破坏者聚集在你的客户周围，抢占你的市场。[7]他们不停地尝试用新商业模式为人们提供即时服务。他们从不同的角度思考、执行，服务移动思维变革框架下的客户和员工。他们不只是开发移动应用程序；他们还设计出一整套移动互动，包括屏幕上的体验和线下的执行。

这些创业家和创新者没有受到PC（个人电脑）和网络时代的传统业务和经营模式的束缚，他们掌握了一个关键概念：人们若是许可你“待”在他们的口袋中，就有了创造潜在可能的赢利移动时刻。

各行各业、不同商业领域的企业家若是发现了一个移动时刻，他们就会发起进攻。科迪·罗斯是一个餐厅老板的儿子，他自称“餐厅企业家”。他说：“我们会去发现日常生活中能用移动应用解决的烦心事，然后马上设计开发。”他的第一个应用NoshList，能帮助餐厅的服务生在整理好桌子的时候发消息给客人。他现在主导着移动支付初创公司Square上的一款企业产品，很多公司用这款应用实现了随地支付。

创新公司及服务，如Deezer、Flipboard、Hailo、HotSchedules、Intuit、MyFitnessPal、Line、M-Pesa、Nest Labs、Parrot、Proteus、Roambi、Sound World Solutions、Square、腾讯、Twitter、Uber、WhatsApp、WTSO等等，正在创生出大量的新商业模式，有时是通过颠覆掉一个既存市场的方式。这样的公司数以万计。这些应用中的每一个都在充分利用移动时刻，去填补人们想要做的与移动设备能够为他们做的之间的缺口。每个新应用都在人们意识到它们新力量的时候推进着移动思维变革。人们看到自己能做一件新的事情，或者做起原有的事情来更方便快捷，就会把它纳入生活和工作中（见表1–1）。

曾任英特尔公司董事长的安迪·格鲁夫写过一本著名的书《只有偏执狂才

能生存》。[8]但是如果创业家们真的吃定你，那你就不是偏执狂。而他们真的会吃定你。每个移动创业家，每个竞争者，都在抢占你的客户的移动时刻。

每个行业、每个市场、每个经济领域，都在这股创新精神的攻势下发生着变革。我们将在本书中不断强调创新精神这个主题，因为它揭示了在一个客户和员工的时代，如何去识别和赢得移动时刻的经验。这里有两个例子证明了创业家对移动思维变革的影响：提供汽车服务的Uber和提供商业数据的Roambi。

表 1–1　移动时刻改变着工作和生活的方方面面

生活的哪个方面？	移动时刻如何改变着人们的预期？
购物	作为购物者，你可以自信地走进一家商店，因为你拥有做出最好决策所需的全部信息。当需要在两个烧烤架中选择时，即刻就能了解到其他买家的经验和街边那家沃尔玛的售价。
育儿	作为家长，手机既是福音又是祸害。说它是福音，是因为你可以用它随处处理事情，或者给一个难哄的孩子，让他玩会儿游戏。说它是祸害，是因为你正处青春期的孩子会在餐桌上不停偷看WhatsApp，有时还会做些非常愚蠢的事情出来，比如发一张自己身体某个部位的照片。
医疗	作为患者，你可以用智能手机、可穿戴设备以及LoseIt!这样的移动应用来更好地照顾自己。你可以追踪自己的生命体征，通过联网医疗设备查看药物依从性。医生可以通过汇总数据全面了解你的健康状况。
工作	作为职员，你可以带着智能手机去上班。如果公司另外配给你一个只能用来处理公司邮件的智能手机，那么你就要带两个手机。职员们都太忙了，根本没空坐在办公桌前，这就是他们不管走到哪儿都要带着Evernote（印象笔记）或者Google Docs（Google文件）的原因。
管理	作为管理者，智能手机或平板电脑能让你更强大，而且能随时连线重要数据。正因为所有数据都唾手可得，你可以在开会时迅速做出决策，而不是等着会议结束后能有人整理个合适的报告给你。
公民权	作为公民，你可以查看投票结果，阅读资产负债表，在投票前衡量不同的候选人。你可以掌控自己关注的事：缴水费，登记汽车，在等待签署新车合同的间隙查询假日期间的垃圾处理安排。

（续表）

生活的哪个方面?	移动时刻如何改变着人们的预期?
体育	作为体育迷，你观看和追踪比赛的选择变得更多了。你可以直接获取比赛、参赛选手、粉丝、统计数据以及各种小道消息。无论你是在芬威球场还是在自家客厅里观看比赛，你的手机和平板电脑都会把你和你的社区以及整个观看体验连在一起。
运动	作为运动员，无论你的手机是单机状态，还是和一个布满传感器的可穿戴设备（戴在手腕或足踝、脚）连线，它们都能就你的步速、行动距离甚至步幅提供实时反馈。配有传感器的篮球 94Fifty 甚至能测量出球的回旋弧度。
旅行	作为旅行者，你不再处于信息真空里，不再挣扎在时间点的边缘，犹豫着还能不能赶上开会。手机上一个叫TripIt的应用能够帮你搞定一切，包括检查行程、与他人取得联系、订车、订酒店、提醒你飞机延误，甚至会帮你改签航班。
驾驶	作为驾驶员，Google Maps和移动导航应用Waze的连线能让你对行程目的地及最近的路线更加清楚自信。如果你使用Google Now，遇到糟糕的交通状况时，它会帮你重新安排日程，包括设置提前出发的提醒，为你重新设计一条路线。

Uber：利用移动思维变革重新定义汽车服务市场

特拉维斯·卡拉尼克是汽车服务应用Uber的创始人和首席执行官，他是较早认识到移动思维变革规模的人。他想到乘客和司机可以用手机分享位置信息，互相连接。需要叫车的乘客可以利用移动设备发消息找司机，而等候搭载乘客的司机也会收到消息，知道有人想用车。

Uber获得了巨大的成功，这一点触怒了它所摧毁行业的强势竞争者。一个成功的数字颠覆的标志就是：即使Uber招致了现存公司和竞争者的愤怒和反击，用户却依然乐在其中。

特拉维斯看到人们（乘客和司机）已经准备好了要利用移动思维变革，即使现有的豪华轿车和出租车服务还没准备好。人们的需求和市场供给之间的空缺，大到足够容纳一个新的商业模式。这正是创业家应该出现的地方，所以他推出了Uber。如今需要汽车服务的客户越来越相信，他们能随时叫到车。

但是Uber并没有就此止步，它还改变了汽车服务行业供给和需求的基本经济模式。需要用车的乘客代表需求，等着搭载客人的司机代表供给，供给和需求之间因Uber相连，整个市场变得更加透明和高效。最终，乘客会减少等待时间，司机会搭载更多的乘客。大家都受益，当然，除了把生计建立在控制供需基础上的出租车官方运营商以及豪华轿车服务商。他们被迫去适应，就如同伦敦、波士顿这样的城市已经实现的出租车服务一样。

特拉维斯原本只是想满足汽车服务行业的客户需求，最后阴差阳错地改变了整个市场的驱动力和经济模式。

Roambi：利用移动思维变革将商业数据融入决策

当苹果公司在2007年首次推出iPhone的时候，昆顿·阿尔斯伯里，一位平面设计师出身的软件创业家，看到了通过触屏界面复活商业数据的潜力。他发现，发生在消费者身上的移动思维变革同样可以发生在商业活动中，于是他与人合伙创立了如今叫作Roambi的公司。

昆顿这样描述它："我们相信能够把消费者体验带到商业应用中，所以在2007年与iPhone合作，想看看能不能行。我们的愿景是利用多点触控手势与商业数据进行交互，用动作来讲述隐藏在数据中的故事。"

Roambi的用户可以拿出他们的iPhone 或 iPad，点击一个图表，例如一个饼状图，查看全局数据。销售经理或首席执行官还可以轻敲图表，深度挖掘重要细节，浏览数据，查看某个交易，再缩放回去重看大图。如果一个新问题出现了（这在商业会议中屡见不鲜），那么在智能手机或平板电脑上能随时找到可以帮助解答该问题的数据。人们迅速就被Roambi上的数据带来的洞察效果吸引住了。

结果，本来为管理者准备的商业数据接入最终改变了每个人。食品包装行业一家公司的总经理通过Roambi接入了实时数据，高级经理也会需要这些数据接入。对于实时数据的需求迅速蔓延到了公司的每个经理和核心员工。数据变成了一个事实来源，所有经理都能用它来整合行动。为了适应这样的数据需求，该公司的技术部门不得不加强了数据平台。一个简单的移动应用促使一家《财富》世界五百强公司去重新思考其整体运营策略。

移动思维变革正在改变你的客户策略

如果你没能用客户需要的信息和服务来参与他们在移动设备上的决策，那总会有别的创业家或竞争者去做。美国银行或巴克莱银行，能满足他们那些已经被Mint.com移动应用所提供的个人财务全景信息宠坏了的客户吗？蓝十字与蓝盾协会，该如何满足那些已经习惯了用Fitbit智能手环和移动应用来追踪自身健康状况的患者呢？美国航空公司，当最忠诚的客户选择信任FlightCaster和Hipmunk上的航班数据的时候，又该怎么办呢？同样的事情也会发生在员工身上。当员工已经在移动设备上通过Google应用、Skype或者成百上千个其他应用获得了所需的一切时，公司又该如何以商业化解决方案让员工变得更强大呢？

如果你的公司非常不同寻常，那么你的客户互动战略可能还没发生改变。

你服务的客户还在使用着20世纪90年代开发出的技术和程序。你也许已经有了移动应用，但它们可能还是在推送着和网页一样的静态信息：自助式的，复杂的，完全不考虑使用者实体情境的信息。

若是还用先前的网页思维来服务思维转变的客户，你需要注意三个已被严重颠覆了的规则。第一，人们已经不再待在同一个固定的地点，在醒着的每个时刻，无论在哪儿，他们都自然而然地处在不断移动和连线的状态；第二，他们不喜欢费时费力地登录你为你的业务开发的复杂线性程序；第三，一旦他们觉得你应该能感知到他们的需求并且能即时满足，他们便不再愿意使用自助服务。

创新应用已经为你的客户带来了思维转变。他们知道只要花20秒的时间拍张照片，就能在美国银行的账户中存入一张支票，站在登机口就能重新预订达美航班，在去酒店的路上就能下一张巴黎麦当劳的订单。他们对你也存有如此期望。

你的公司被困在静态网页里，困在一个固定的世界中，而你的客户和员工活在一个移动的世界里。无论是解决问题、获取信息、休闲娱乐，还是只完成某件事，一天中每个细微的时刻，他们都在期待着能够获得便利的服务。昨天只能固定或静态展示的网页互动模式在移动世界中一败涂地。所以为什么不在手机和平板电脑上与你的客户互动呢？

是时候去拥抱移动思维变革了。

你是有机会满足客户的期望，并且带给他们愉悦感的。你可以为他们节省时间，提供更有价值的服务，而且是在他们最想要寻求帮助的时候。[9]这难道不是每家好公司都在追求的吗？——更多地参与到客户的需求中，让公司变得更加重要？

你的客户已经准备好了，你也完全可以。

移动思维变革战略

创业家们有一个优势：他们是一张白纸，可以在10亿人手中的移动时刻内长驱直入。他们能设想出并迅速推出全新的、在设计中优先考虑移动设备的移动体验。你也必须这样。在客户和员工的移动时刻与他们互动，公司里的每个人都必须从不同的角度思考和行动。你需要一个移动思维变革战略，一个服务于客户移动时刻需求的战略。

以移动方式服务客户，想起来很容易，但做起来并不容易。为什么呢？因为你的公司、业务流程和信息系统在设计的时候并未把移动时刻纳入考虑范围。技术太过僵化，流程太过线性，组织太过固化。移动时刻的客户需求在很大程度上打破了这些意图良好但运作僵化的商业模式。

赢在移动时刻意味着你需要改变组织、运营，以及提供产品和服务的方式。你要赢在移动时刻，前提一定是要有整个公司做后盾。你也许并不是一张白纸，但必须要有勇气暗示自己，你就是一张白纸。

以客户的思维为起点，然后由此回溯，到他们的设备，到设备上运行的应用程序，到驱动了移动时刻的整个系统（平台、流程和人）（见图1–1）。这是最需要勇气的地方。重新设计公司的技术平台、商业流程以及人们的工作方式，就像要撼动一座大山——是最需要投入成本的地方。但你别无选择。

图 1–1　解构移动思维变革

移动思维变革的运营法则

为了让你的公司时刻关注赢在移动时刻，我们以客户承诺的方式创立了一套运营规范。相信你的客户一定会同意这些规范：

• **无论我在哪儿，都要能找到你的公司。**这里的“找到”指的是能在智能手机和平板电脑上找到，但也可能指在可穿戴设备、小装置、电脑或电视上找到。如果你的客户里有 1/10 的人拥有了一个新设备，你最好也能让他们在这个新设备上找到你，因为你可以确信这些早期用户是最具影响力，对你而言通常也是最有价值的。

• **无论何时，你的商业服务都能让我触手可及。**我们支付每个月的手机流量账单，就是为了能随时、随地、立刻得到我们想要的。如果你的服务表现滞后、不在线或者缺失，你的客户就会感到失望。

• **无论我接下来要做什么，你都已感知到我的需求。**你清楚用户在一个移动设备上的实时情境——他们在哪儿，最后做了什么，如何呈现他们自己，甚至也许还包括他们的情感状态。所有这些信息给了你在客户甚至还没提出要求之前就提供相关服务的机会。如果你真的不知道客户接下来的需求，那就去找出来。到你的零售店里逛逛，和你的销售代表一起骑车转转，设置移动应用程序和客户触点去收集有用的数据。类似这一层面的客户知识如今已成为一项基本商业技能。

• **无论我做什么，你都知道该如何回应。**移动应用给了人们一个异常强大的行动杠杆，去分享一段经历，捕捉一个瞬间，或是求助。如果你的移动应用不能帮助人们彻底完成一件事，那你就失败了。如果一次点击的结果是堵死了一段客户旅程，或者是拦住了一个内部流程，那么客户就会抱怨，甚至流失。

这本书怎样帮助你准备好面对移动时刻

在过去7年中，我们与上百家在移动时刻与客户互动的公司有过成功（也有失败）的合作，本书就是在这些合作以及相关分析的基础上写作完成的，一共分为四个部分：

在第一部分“掌握移动思维变革”中，我们主要关注设计强大的移动互动所需要的工具，也就是你的移动战略中“怎么做”的部分。这一内容从第二章开始，除此之外，我们还会介绍移动时刻的商业规范——IDEA循环。在第三章，我们会告诉你在IDEA循环中如何创建一个执行计划，包括怎样实施一个移动时刻监测去识别它们，将其优先化，并判断出会对你的公司运营带来什么样的影响。第四章讲移动思维变革指数，是一个理解已经发生转变的客户的移动强度、移动期待和移动行为的方法。

第五章至第八章是本书的第二部分“移动商业变革”。我们通过分析移动思维变革对你的公司的影响，包括销售、市场、产品开发以及商业模式，来指出应该怎么做？透过移动时刻的镜头，我们重建了这些功能。在这一部分，我们意在分享一些大公司和创业家的故事，来帮助你构想如何把移动体验变成你的客户战略的核心。

第九章至第十二章是第三部分“移动系统变革”。我们描述了如何重新设计你的系统，包括平台、流程和人员构成，来生成一个卓越的移动体验。我们会谈及移动时刻对你的员工的影响，也分析了推出卓越移动时刻的技术平台、商业流程以及组织和团队。有了这些案例和分析，在面临客户和员工的即时需求情境时，你和你的团队就会知道应如何去做。

在第四部分，也是最后一个部分“未来的变革”中，我们用了单独一章来讲述当移动设备被重构、进化成为可穿戴设备时，当连线产品增加了你能够服务客户的移动时刻时，当整个社会消化了移动思维变革带来的冲击时，移动思维变革又该何去何从？

这是一个漫长的旅程，但是你已经准备好了迈出第一步。在接下来的一章中，我们会撩开移动时刻的神秘面纱，讲述那些最好的公司是如何利用它的。

THE MOBILE

M I N D S H I F T

第二章 掌握IDEA循环

——赢在移动时刻的一个商业法则

珠宝零售商Alex and Ani一度炙手可热，其位于罗德岛的总部曾经每月开一家新店来销售它独一无二的手镯、耳环和项链。由于设计的别致，Alex and Ani的珠宝产品非常受欢迎：每一件珠宝都富含寓意和设计感，能够让佩戴者从精神层面有机地展示个性。除了陈列商品，Alex and Ani也是顾客探索不同时尚场景的绝佳去处，通常需要店员的帮助——无论何时，店中的10名店员都是Alex and Ani消费体验的关键，他们会为顾客提供个性化购买建议，帮助顾客通过选择积极的符号和富有魅力的寓意来进行自我展示。

但是在2012年母亲节前夕，商业上的成功最终超出了商店的顾客接待能力。在有些门店，顾客等待结账的时间甚至超过了一个小时。这简直是一场灾难。对于公司新上任的首席技术官乔·莱宗和零售业务主管苏珊·苏亚雷斯而言，毫无疑问，改变势在必行。

作为一名出身于富达投资集团的经验丰富的技术主管，乔认为他知道如何利用移动技术去改善客户体验。通过在店里安装Wi-Fi，给店员配置iPod Touch和信用卡刷卡及票据打印机，他可以建立起一个移动销售终端系统，并由此使收银台的数量增加两倍。这将给他的时尚顾问员工提供他们所需的工具，来帮助客户选择商品，完成交易。乔知道该做什么，但要怎么做，他需要帮助。

乔去找泰·罗林（总部位于波士顿的Mobiquity公司的首席技术官）来帮他实现他的想法。苏珊的零售业务人员，乔的技术人员，再加上Mobiquity公司的开发者们共同组成了一个团队，花了6个月时间研究该问题，并最终得出了解决方案。

他们的方法非常值得借鉴。

Alex and Ani罗德岛总部的楼下就有一家零售店，所以这个研究小组观察了该店店员如何同店内不同方位的客户在购物和结账时进行互动，之后设计出了一个iPod Touch应用程序来协助店员在该环境下完成互动。他们将该应用程序直接绑定在销售终端系统中，分析其运转情况，并在楼下的店里进行测试，然后再做出改进。他们优化了应用程序，简化了交易流程，来协助店员把精力聚焦在客户身上。在假日季到来之前，他们及时将该平台推广到了全部32家门店中。

结果令人震惊。乔如今监测到，结账时间是按秒计，而不是分钟或小时，即使在繁忙的假期也不例外。苏珊得到了能帮助她进一步优化库存管理的数据。零售业务变得更高效，客户也非常满意。

这样的结果远非一个移动应用程序就能做到，而是动用了系统的移动时刻设计方法。这一整套方法包括一个终端对终端的技术解决方案、雇员培训、结合员工经验的新发现，以及为商店业务设计的改进流程。所有这些加起来，就创造出了一个理想的客户服务工具。Alex and Ani和Mobiquity的团队所做的，远非只是建立一个移动销售终端系统那么简单，他们为了在移动销售时刻获得成功，设计和采用了一个全新的发展平台。

商业新法则：IDEA循环

做一个移动应用程序或网站相对容易，而把它变成持续的商业上的成功却并不简单。

Alex and Ani的成功，是因为他们没有采用短平快的解决方案（做一个移动应用程序），而是采用了系统的方法来理解需要解决什么问题、如何设计最佳解决方案、什么样的系统可能会受欢迎，以及需要做什么分析来保证方案的不断完善？

要从Alex and Ani以及其他取得移动成功的公司的所作所为中学习。他们都不只是做了个移动应用程序。我们在和很多创业者以及逾百家公司的合作中发现，移动时刻的成功来自一套全新的、系统的操作方法。即使销售或市场领域的移动时刻与产品或服务领域的移动时刻有所区别，即使客户移动情境与员工移动情境完全不同，你在移动终端服务于每个个体的需求却是全球通行的商业活动。你需要一个结构化的商业法则，在每个业务环节提供出色的移动体验。我们将这个商业法则称为IDEA循环（见图2–1）。

掌握了IDEA循环，你的公司就能够掌握移动思维变革的战略法则和实施方法。你的公司将学会如何在客户以及员工时代识别移动时刻。你的营销和销售人员将会理解移动时刻内互动的目标以及如何实现该目标。你的产品团队将会看到如何利用移动时刻提升产品。你的业务人员将会知道什么流程需要改进，你的技术管理人员将会明白新技术平台的要求。IDEA 循环会将你的每个业务环节整合起来，决胜移动时刻。

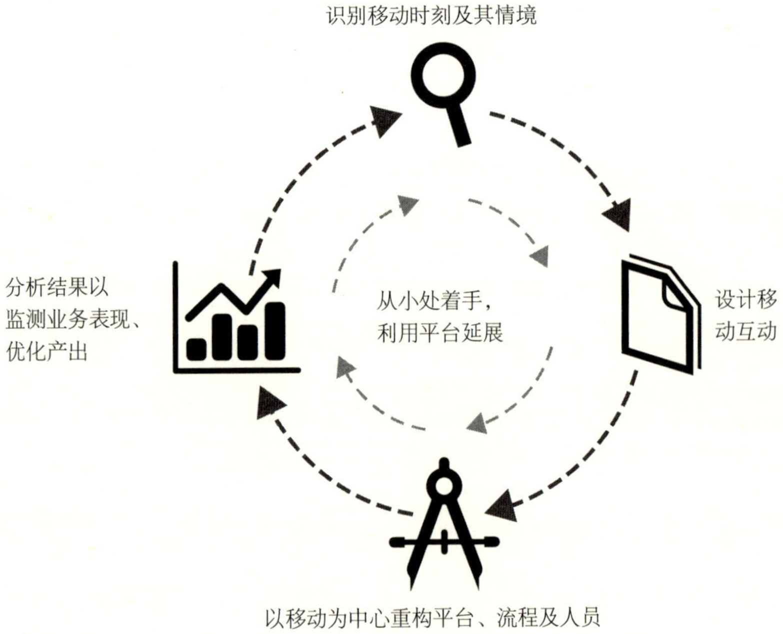

图 2–1　IDEA 循环

IDEA 循环包括四个步骤：

1. **识别**（Identify）移动时刻及其情境。在这一步，你需要事先筹划能够在移动设备上为某人提供服务的全部状况及场景。

2. **设计**（Design）移动互动。在这一步，你需要召集商业人员、设计者以及开发人员，来决定如何在移动时刻与客户互动。

3. 以移动为中心**重构**（Engineer）平台、流程及人员。移动互动要求的远远不止一个应用程序。你需要对你的核心业务和系统做出何种改变呢?

4. **分析**（Analyze）结果以监测业务表现、优化产出。不能仅仅盲目运作移动应用。去获取、追踪、分析数据，并且以此为依据来改善互动吧。

这四个步骤形成了一个循环，因为每个步骤都不是一次性的。要完成，并且正确地完成一个移动时刻，你最好先从小处着手。但是当学到更多经验的时候，你会不可避免地想要延展移动时刻，这就意味着再次经历这个循环。为了提高效率，你最好把精力放在可以不断扩张的团队和执行平台上。

这四个步骤的英文首字母刚好拼成了IDEA，这样更好记。这也能确保你是在按照正确顺序做事，没有跳过任何棘手的部分。相信这一点（在很多公司已经得到验证），跳过IDEA中的任一步骤都会引发或远或近的问题，而且这些问题都耗资巨大，很难解决。

IDEA循环的内容是计划和执行你的移动时刻。你把它应用到什么地方——想要解决什么问题——则取决于你的具体情况和目标。举例而言，沃尔格林零售店关注的移动时刻主要围绕图片。相比之下，在Alex and Ani，乔和苏珊更关注如何提高顾客结账速度。如果你粗略浏览一下接下来的不同章节，你会看到其中有很多例子，都是在用相同的IDEA循环来解决不同的问题——营销问题、销售问题、产品问题、卖场服务问题等等。

现在我们来具体阐述一下每个步骤。

第一步：识别移动时刻及其情境

IDEA循环中的第一步就是识别每个人的移动时刻及其情境。在移动时刻，最重要的就是以尽可能简单的方法，恰如其分地满足某人所需，有时甚至连那个人自己都没意识到他需要。这就意味着你需要知道他们想要什么，以及在面临需求的时候他们会做什么。你必须要设身处地把自己放在对方的位置上，观察他们的行为，并且能够给你的团队描述出你观察到的内容。无论服务的对象是员工还是客户，你都必须要识别出他们的移动时刻及情境。

在Alex and Ani，乔和苏珊与Mobiquity公司合作，绘制出了店员在店里、在收银台前、在门口与客户互动的时刻。通过观察这些关键时刻情境并对其进行分类（他们的状况、偏好和态度），他们能够识别和界定出互动中的重要细节：这些时刻发生在店里什么地方？发生了多久？是在购物或结账过程中的哪个阶段发生的？有哪些能够获取的信息？面临怎样的客户期待？等等。[1]例如，他们能看到店员帮助客户完成一项交易时的操作顺序，以及在那个时刻需要什么样的信息（例如客户细节和之前的购买记录）。情境让移动时刻大大有别于一般的网络体验，因为在移动时刻，你对人物所在地点和人物本身了解得更多。

正如推出了控制体重的流行应用程序LoseIt！公司的首席执行官查尔斯·蒂格所说，理解移动时刻和情境能帮你创造出“简单、令人愉悦并且美妙”的事物，“我们的目标不仅是让你用我们的应用程序，而是让你坚持为自己做健康管理。那就意味着你一定会想要回来”。当人们在快餐店前掏出手机查看卡路里摄取指标，来决定是买肉丸潜艇三明治还是蔬菜三明治的时候，他们在想些什么？关于他们的早餐，他们对你说了些什么？他们今天的锻炼任务完成了吗？他们要做的最重要的事是什么呢？——这种情况，就是在了解他们的午餐卡路里摄入计划。如果LoseIt!因缺乏恰当的情境而错误理解了这个移动时刻，那么这个应用程序也无法在移动时刻与客户互动。

在人们的日常生活中观察和记录他们的活动。比较领先的公司，如宝洁，就使用这种方法来弄清人们如何或者可能如何使用它们的产品。正如数据服务提供商Cynergy（如今已并入毕马威）研发部副总裁戴夫·沃尔夫所言："仅靠个人洞察会导致失败。"在移动思维变革的过程中，每个公司都要靠观察和记录人们的日常生活，才能在移动互动中变得更聪明。

第二步：设计移动互动

在你已经成功识别出移动时刻及其情境之后，IDEA循环中的下一个步骤就是设计你的移动互动。这一步，你要将客户的移动动机与你的商业目标相匹配。当然，这样的互动会受到屏幕尺寸大小及五星级客户应用所带来的强大预期的严重制约。就像数码公司EffectiveUI的布雷特·约翰逊解释的："与网络时代相比，移动时代要求更关注细节。在移动时刻，消费者不能也不会自行跳转，你必须要更缜密地设计客户体验。"在移动时刻，如果一个人没有选择使用你的应用程序或网站，那么这个时刻就会消逝，你也就失去了为他解决问题的机会。

在一个只用白板进行的反复精炼的过程中，由Alex and Ani和Mobiquity共同组建的8人小组绘制了一系列图片来设计移动互动，他们描绘出了店员使用iPod Touch与客户进行更有效的互动的场景。其中包括屏幕布局、活动序列以及每一步所需的信息或交易，还有一些可能出现的意外。例如，如果承诺的一件商品最后发现没货了，店员会需要什么样的信息来应对？

第三步：以移动为中心重构平台、流程及人员

移动互动远不只一个应用程序那么简单。如果你的应用程序界面很漂亮，但是不能帮助客户解决实际问题，那么这个互动效果就很差。如果客户准备进

入下一步，而你的应用程序却把他退回到了网站或者电话服务中心，那么他下次使用之前就会三思了。

为了让移动时刻能够成功，你必须重构你的业务及其平台、流程、人员，来提供相关体验。重构系统和业务流程也是创造成功的移动时刻真正需要花费成本之处。这也是你如何才能把一个价值25万美元的移动营销应用转化成一个价值200万美元的移动交易应用的地方。我们根据对许多推出了成功移动应用公司的调查，得出了一个经验法则：要把预算的20%花在设计和开发一个杰出的应用程序上，而将剩下的80%用在为它提供支持的技术和流程重构上。

对于大多数公司而言，这笔投入可不小。The Home Depot公司在2013年领教了这一点。正如其商业模式的掌门人——The Home Depot公司首席执行官弗兰克·布莱克近期向股东们汇报的那样："我们的客户向移动技术转变的速度远远超出我们的预期，在这个领域我们必须要跟上，这也是我们在2014年的投资重点。"[2]该公司计划花费3亿美元用于"供应链、技术和线上服务的提升"。[3]这是一家《财富》五百强公司为了移动时刻的业务重构所要投入的成本。

我们再来仔细看看这个重构环节的三大要素：平台、流程和人。

建立移动时刻的技术平台。用于支持移动时刻的技术平台与那些用于网站或内部计算机应用软件的技术平台有很大差别，因为它们必须能够支持触屏应用以及任意移动设备上的站点，并且要能提供直观的、目标导向的情境化体验。我们将能够支持移动及其他数字创新技术的平台称为"互动系统"，来反映它们的焦点所在——提供互动式的人本体验。[4]

绝大多数电子商务团队努力把他们的服务移动化的原因在于：移动互动不只是自助式服务网站的延伸。举例而言，当在线服装零售商Zappos最初尝试推出一个移动商务应用的时候，它需要复制它的产品目录，但这次尝试的结果是移动应用上显示的库存数目与网站上显示的完全不一样。[5]这就暴露出了Zappos后台终端系统及运营上存在的严重问题。在那之后，利用一个能够同时使用网站目录和库存的“混血”应用，优化了Zappos的应用程序。

财捷集团的移动时刻之旅使得它利用云技术和软件行业的领先技术，重新设计并配置了其整个技术平台。这家公司迄今为止已经花费了4年时间重构他们的核心技术平台（我们会在第十章深入讨论新技术平台）。

通过移动时刻变革业务流程。如果你在某个移动终端上提供了一项新功能，但是却没有从根本上重构你的业务流程，那么就无法实现赢利。举例来说，给销售员提供一个iPad或者给客户提供一个酒店预订的应用程序并不会带来商业上的实际产出，除非你同时也准备好改变你的交易方式。当麦当劳在法国推出一个订餐和预付餐费的移动应用的时候，它根本没办法止步于仅开发一个应用程序。它必须要同时设计出新的餐厅业务流程让员工接收并处理订单，这样他们才能在客户到来之前做好准备。在第十一章，我们会告诉你如何重构业务流程，让员工在移动时刻直接服务客户。

组织人员以不断提升移动体验。移动思维的变革毫不留情。客户几个月前喜欢的东西，到了今天就很难说，到了明年就会变得更加乏善可陈。为了保证你的服务质量，你推出新产品的速度一定要快，但你也必须要用基于新洞察的新功能来为其不断升级完善。这就需要一个灵活的开发流程。你必须要在一个持续升级的循环中，不断创建、测试、学习和扩大你的整个移动互动（不只是移动应用程序）。不过如果你尝试在第一次IDEA循环中就全部做对做完，那你很有可能做不到。

举个例子。ING Direct银行澳大利亚分部想要推出一个针对客户的特殊的“走进ING”移动体验活动。公司的研究显示，该银行的客户在应用程序上最想完成三件事：余额查询、查看交易历史以及动用资金。就像ING Direct的贾内尔·麦吉尼斯所说的：“如果能把这三件事情做对，我们就能满足绝大多数人的需求了。”贾内尔的团队知道，他们不需要在一开始就做好全部功能，更重要的是，他们知道需要不断更新应用程序，便采用了一个灵活的开发流程来频繁地提供升级版本。

在第十二章，我们会为你介绍创建移动应用的流程和组织模型。一个移动指导委员会负责决策。员工被编入由设计师、开发人员和业务人员共同组成的特别小组——IDEA团队，大家一起创建的不止一个应用程序，而是一个完整的移动互动过程。在诺德斯特龙，其IDEA团队启动了一个简单的电子商务应用和类似Alex and Ani那样的移动终端系统。那还是在2011年。现在，诺德斯特龙已经拥有了多个灵活的商业和开发团队，开足马力专注于各种数字创新。这就是移动创业公司的商业运作方式，但是在很多大企业，这还是一种全新的工作方法。

第四步：分析结果以监测业务表现、优化产出

分析是IDEA循环最后的关键一步。为什么呢？因为如果没有对应用程序和技术平台的监测来告诉你发生了什么，就相当于你在盲目开发，也就没有办法进一步改善服务或者洞察客户需求。不要把数据收集和分析当成马后炮，要把它建构到最初的移动时刻中，并在你增加产出的时候不断改进它。在Alex and Ani，乔·莱宗就充分认识到数据分析是衡量门店运营状况（包括其iPod结账应用程序效率）的重要商业工具，也正是因为数据分析，他了解到他们目前的结

账时间是以秒计，而不是分钟或小时。

收集和分析数据来协助优化移动体验，是塑造成功的移动体验的基石。从最基础的数据，如下载量、登录和功能点击开始，来了解是谁、在什么时候使用了这个应用。你可以把它当成“小数据”，这是个不错的开始。但是移动时刻真正的商业上的利润源自优化商业产出，比如房间预订率的提升、中介费用的收取、优质产品的售出等等。因此，你必须还要收集和分析那些移动应用产生的大数据，通过大量的客户和交易信息来发现规律，得出洞见。

格雷戈里·赖特是财捷集团产品管理部副总裁，也是移动应用Mint.com的负责人。他在讲到数据分析对财捷集团的重要性时曾说：“我们采用灵活的流程，这样就能够快速创建和推出新功能。但是在财捷，我们有一个‘完成’的概念，就是在你做完数据收集和分析之前，你的工作都不算‘完成’。所以，我们把数据分析置入了每一个发布循环之中。”

关于数据收集和数据分析，我们在不同的创业者和创新者那里听到了相同的说辞，比如微软Yammer的亚当·皮索尼、Nest实验室的托尼·法代尔和通用电气的比尔·鲁。他们已经雇用了数据科学家来帮助界定收集哪些数据，用软件开发者和工具箱来装备其应用程序和后台，并由数据操作人员来建立和运行数据平台。那些数据科学家同时也在将新的执行模型植入分析引擎。数据分析已成为移动思维变革中一项新的关键的商业能力。

我们本章描述的IDEA循环，是一个关于如何在移动时刻与客户互动的思维框架。但是要怎么样才能更进一步——具体该怎么做？你还需要一个计划，在接下来的一章，我们将会告诉你如何计划。

T H E M O B I L E

M I N D S H I F T

第三章 制订移动互动计划

——开启移动时刻监测

菲尔·伊斯特尔知道他能为旅客们的旅途生活缓解痛苦。这样一来，要缓解的人还真不少。菲尔所在的美国航空公司，每天要载350 000名乘客飞向他们心中的目的地。菲尔是美国航空公司移动应用业务主管。2009年，就在苹果推出其应用商店以及一个能让开发者开发移动应用的新方式之后不久，菲尔就意识到，iPhone给他提供了一个能在客户最需要的时候——一个焦虑忙乱的旅途之日——为其提供帮助的机会。

在美国航空公司首席信息官玛雅·莱布曼的支持下，菲尔和他的移动团队从两个问题入手：在旅行者准备飞行之前及之后的几天、几小时内，他们会做些什么？我们能够用移动设备为他们提供什么帮助？在这两个简单问题的指导下，菲尔的团队把旅行者的时间进行了分类——上飞机之前的几天，之前的几小时，之前的几分钟——而且将其和自己所能提供的移动服务进行了匹配：办理登机手续、查看登机牌、寻找登机口等等。这项技术被称为“绘制客户旅途中的移动时刻”（见图 3–1）。

有了一个对旅行者可能会需要帮助的移动时刻的描绘，团队接下来要搞清楚的是如何在每个时刻与客户进行最好的互动。他们先从即将推出的服务开始：预订航班、办理登机手续等等。随后又找来了拥有移动屏幕布局和触屏互动经验的设计师当后援，看看能否在移动设备上很好地实现这些服务。

菲尔和他的团队随后创建了一个应用，并把它连接到后台交易系统。其结果是，当一个旅客下载了该应用，它就会调出她的最新信息；当她选择“办理登机手续”，它就会更新对应的航班记录。这听起来简单，但它需要菲尔的团队和 10 个不同的相关技术系统小组合作才能够实现。美国航空公司的移动应用后台系统非常复杂，但是用户完全感受不到这一点——他们只需要点击一下就能轻松办理登机手续或调整座位。

菲尔团队工作的最后一步是“装备”这个应用，以此来了解用户打开该应用的次数、登录的频率，完成一个事项，例如办理登机手续，需要花费的时间等等。这些测量指标是美国航空公司用来了解旅行者移动时刻真实情况的“耳目”。

美国航空公司的移动应用非常成功，其下载量已超过 1 000 万次。菲尔努力优化该应用的使用体验。例如，当苹果推出外观和感觉截然不同的iOS 7 移动操作系统时，菲尔确保了美国航空公司的应用是最早一批适用于新系统格式的应用之一。在航班起飞前的 48 小时之内，人们使用这款移动应用的次数是访问AA.com（美国航空公司官方网站）次数的 10 倍。与几年前的零使用率相比，如今 10% 的美国人使用电子登机牌登机。菲尔希望随着更多的旅行者把美国航空公司的移动时刻整合到他们的旅途生活中，这个比例还会继续提升。该应用

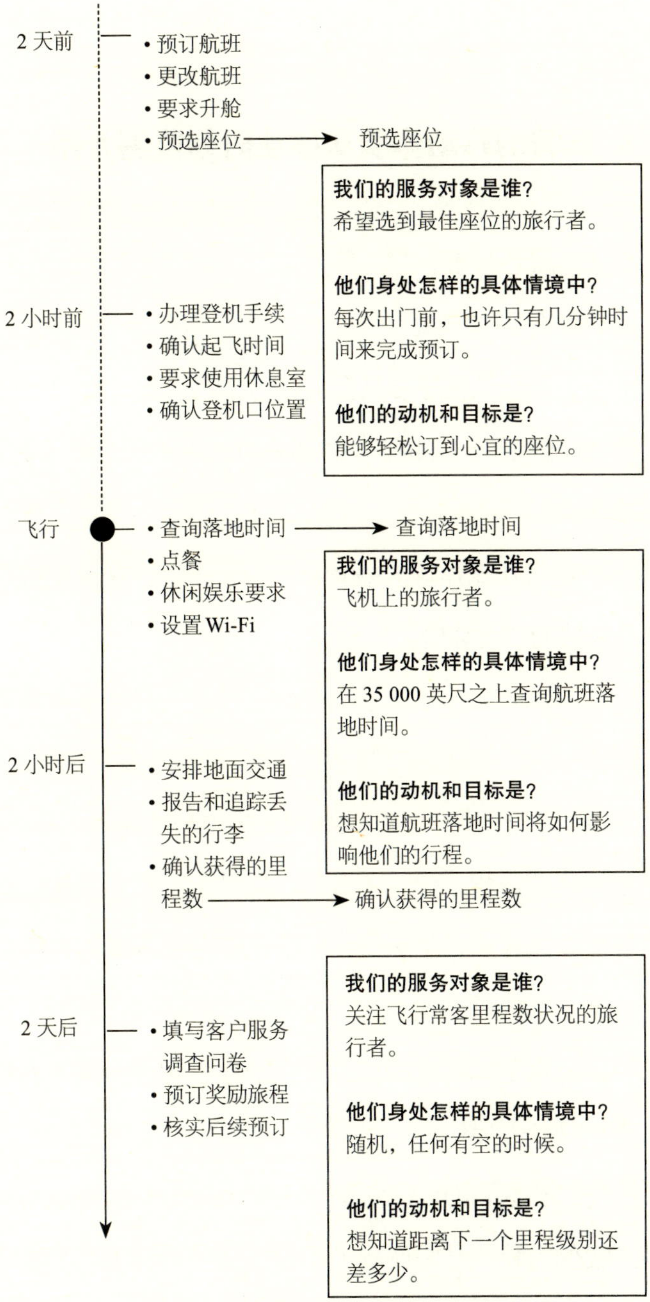

图 3–1　绘制客户旅途中的移动时刻

是如此成功，以至于美国航空公司现在正在考虑把它的移动团队规模扩大一倍。

优秀的移动体验从移动时刻监测开始

移动应用几乎能做任何事。

而这正是问题所在。

按照美国航空公司移动指导委员会主席玛雅的说法，“对于新功能的需求列表远远超出了菲尔团队所能做到的”，全部去做的话不仅会陷入资源困境，更会导致分散的用户体验。

应用就像一块吸引功能建议的磁石，你需要一个系统化的操作方法，来提供令人愉悦并且高效的移动体验。

美国航空公司的玛雅和菲尔从谁需要什么以及为什么需要着手，创造了一个完整的互动设计——而不只是一个应用程序。他们系统化地经历了IDEA循环中的全部四个步骤，并且还持续在每次新版应用中增加新的功能及内容。

这是一个系统化的流程，你也能做到。但是为了明确目标，你需要一个计划，一个弄清楚需要做什么、怎么做，以及需要对技术和运营做出什么改变来实现它的方法。基于那些曾与我们合作过的公司的经验与教训，我们设计出一个叫作“移动时刻监测”的行动指南，来帮助你思考浩如烟海的移动时刻，然后勾勒出你的IDEA循环之路。

在第二章，我们描述了IDEA循环的步骤。移动时刻监测能帮助你判断如何执行每个步骤。我们的移动时刻监测工作表包括一个对于你需要采取的步骤以及需要回答问题的全面综述（见表3–1）。接下来在本章，我们会详细解释这些

表 3–1　移动时刻监测工作表

<table>
<tr><th colspan="3">识别移动时刻及其情境</th></tr>
<tr><td colspan="2">消费者预估
我们的服务对象是谁？
他们使用什么设备？
他们的动机和目标是？</td><td>判断其情境
他们的情况及所处地点？
他们的情绪及态度？
他们的偏好及历史记录？</td></tr>
<tr><th colspan="3">设计移动互动</th></tr>
<tr><td colspan="2">与客户互动
提供什么服务？
实现什么目标？
客户如何感知到？</td><td rowspan="3">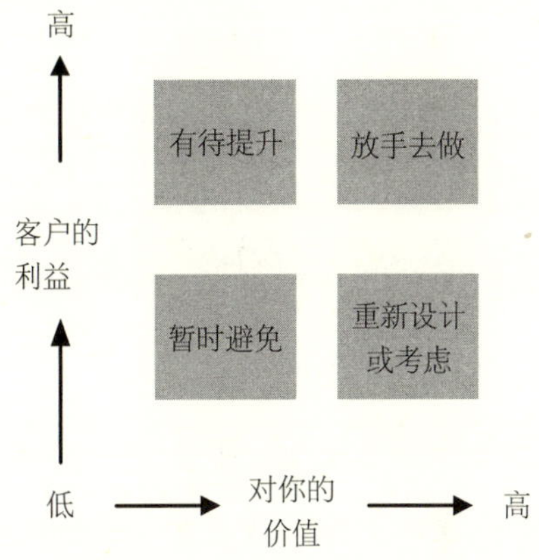
</td></tr>
<tr><td colspan="2">衡量客户的利益
是否提升了客户体验？
能否在数秒内完成客户的目标？
使用起来是否方便且令人愉悦？</td></tr>
<tr><td colspan="2">判断对你的价值
是否完成了你的目标？
能否节省成本？能否带来收益？
是否决定长期投入？</td></tr>
<tr><th colspan="3">以移动为中心重构平台、流程及人员</th></tr>
<tr><td>建构平台
客户互动需要使用什么系统？
你能够接入这些系统吗？
它们是否适用于移动设备？</td><td>改变流程
客户互动会涉及哪些流程？
现有流程会在哪里出现问题？
必须做出什么改变？</td><td>调整人员
需要什么技能？
所在组织是否会支持客户互动？
有没有进行这些变革的资源？</td></tr>
<tr><th colspan="3">分析结果以监测业务表现、优化产出</th></tr>
<tr><td colspan="2">确定需要的数据
商业指标？
互动指标？
技术指标？</td><td>判断是否准备好使用
能否收集到数据？
是否具有相关分析工具？
是否具备数据分析的专业知识？</td></tr>
</table>

步骤，以便你能够自己实施移动时刻监测，自己规划。和第二章一样，这里我们所说的关于客户的移动应用也同样适用于员工。

识别移动时刻及其情境

从客户开始。这几乎是开始每一项新工作的正确方法，当然对移动时刻也同样适用。

玛雅和菲尔非常了解他们的客户。首个针对主要航线飞行常客的计划——美国航空优势忠诚度计划，为美国航空公司提供了关于他们核心客户旅行习惯和偏好的深刻洞见。但是数据库内的条目并不能提供足够的信息来了解客户的旅行情境及需求时刻。为了弄清楚这些，玛雅和菲尔的团队花费了很多时间去观察和区分客户在哪里，以及他们在机场里都在试着做什么事情。

你也要这么做。或者像达美航空公司那样更进一步。它创造了一张关于客户在机场内全部体验的情感地图，包括办理登机手续、过安检、登机等。公司想要找到那些让旅客眉头紧锁的时刻，因为往往焦虑的那一刻，很可能潜藏着移动时刻的商机。

在移动时刻监测的第一步，你需要分析客户，为移动时刻进行分类，确定其情境，并且判断他们的动机。你可以用同样的过程来分析员工的移动互动，只要把“客户”换成“员工”就好了。下面来看看具体要怎么做。

分析客户的移动思维变革

你的客户为移动做好准备了吗?

通过分析消费者的移动强度、期待值以及行为层级来启动移动时刻监测(我们会在第四章"移动思维变革测量"中详细阐述监测方法)。例如,如果某人只是在商店购买你的产品,那么假定他们也会在移动设备上购买就毫无意义。可能他们只是想在开车回家路过商店之前,用移动设备来查看一下店里还有没有货。

这里你需要花些心思来判断一下他们的动机。很多研究方法都会有所助益,就像达美航空用过的那种。一旦你知道了客户想要什么,你就能看到为其提供帮助的移动时刻了。

为移动时刻进行分类

你真的认真考虑过能让客户从一个移动应用程序或网站上受益的全部时刻吗?再来看看图 3–1,美国航空公司的一个旅客旅途中的某些移动时刻,你能够创造出类似的图形吗?应该可以。

客户体验专家用一个叫作旅途描摹的方法来判断客户行进的路径,如今这个方法在解决很多客户旅行问题时已变得非常重要(甚至不只针对航空旅客),你的任务是找到那些能够在旅途中的任意地点为客户提供帮助的时刻。

我们已经归类了一些常见的移动时刻类型及其相关的客户或员工需求(见表 3–2)。

表 3–2　在不同场景中预见移动时刻

场景	客户或员工需求	移动时刻
针对普通消费者的销售	找到某个产品，了解它，查看其价格或评论，购买	一个客户在商店中看到某产品，需要对比信息来做出决策。 一名消费者在公交车上看到一则电影广告，想要订购两张当晚的电影票。 一个客户在杂志上看到一则汽车的平面广告，想了解该汽车的售价及性能。
针对商业客户的销售	为会议做准备，在会议中提出有价值的见解，或会后跟进	某全球快速消费品公司的销售员，在商店里使用Trax移动应用来监测货架和促销位置。 医药设备生产商美敦力的某个销售代表，使用平板电脑为医生演示怎么使用新支架。 特灵空调的某个安装人员，点击他的应用，通过电子邮件给潜在客户发送跟进信息。
市场营销	发现，开拓，互动，或行动	一个卡卡圈坊的客户在其居所附近的甜甜圈连锁店热光灯亮起时，会收到一个来自她的iPhone的提醒。 一个中国的年轻人在看电视广告时，上网“抢”阿迪达斯的新品优惠券。 Amazon Local（亚马逊团购网站）为注册用户推出从杯子蛋糕到按摩再到玻璃吹制课程的无所不包的每日特惠。
产品开发	针对产品进行安装、升级、调控或维修等互动	一个Nest恒温器的用户想要在停电的时候收到警报。 一个拥有Withings浴室磅秤的MyFitnessPal用户在熟食店前反复查看她清晨时的体重。 一个威斯敏斯特的灯光技术员在哈罗街的中部点击一个移动应用，来查看哪个路灯需要被换掉。
现场服务	通过动线设计、状态更新、合作或记录来更好地服务客户	一个通用电气的服务技术人员在爬到高处之前拿到某个风力涡轮机的维修记录，在爬到高处的时候还能和一个工程师视频聊天。 一个使用安卓系统智能手机的Dish Network安装人员更改线路以处理一个紧急来电，并在随后的安装过程中提出建议，销售产品。 在QDI，一个卡车司机在卸货码头就能拿到客户的货物清单，缩短了漫长的文件核查过程。

（续表）

场景	客户或员工需求	移动时刻
工作	获得所需信息和数据，及时做出更好的决策	一个亿滋国际的销售总经理在进行每周例行运营总结前，搜寻一个业绩逐渐下滑的连锁超市的销售历史记录。 一个正在车间工作的制造业工人在不离开岗位的情况下调出产品草图或重新安排工作。 一个德勤会计师事务所的商业顾问让投影随着一个刚踢完足球的高端客户移动。

想要为你的客户将这些相关移动时刻进行归类，需要问三个问题（我们是从服务客户的角度来写的，但是你也可以从服务员工的角度问同样的问题）。

第一，在哪里可以迅速解决客户的问题？例如，如果一个澳大利亚电信公司的客户收到通知，告知她的流量套餐快要用完了，那么她可以在手机上直接购买叠加流量包以避免额外扣费。对于一个需要升舱的旅客或者在销售电话中需要某方面信息的销售人员而言，情况也是如此。这就是无须等待的移动时刻，利用所需的信息和工具立刻采取行动，加速完成任务。

第二，在哪里可以消除客户生活中的阻力或烦恼？你能改善他们用现有方式处理着的某些事情吗？有一些你能想到的功能，例如用一张照片去存储支票，或者提供一张零售商店地图。这个问题应该能引出一连串的，你能从中去发现和修复的生活中的小小烦恼时刻。

第三，在哪里可以提供新的商业服务？这是通往新移动时刻的康庄大道——而且倍增的移动时刻正是赚钱的大好时机。我们在第八章会讲到，这就像Hailo的拉塞尔·霍尔、Nest的托尼·法代尔、腾讯的马化腾，或者Proteus Digital Health的唐·考利一样的创业者在创造新商业模式的时候对待移动时刻的态度。他们想象着移动设备会在哪里创造机会来迅速改善人们的生活。

在一个头脑风暴会议或旅途描摹练习中，你能找到多少个潜在的移动时刻？4个？10个？20个？一旦你开始思考你的公司业务能在哪里与客户或员工的日常生活相互交融，你就会发现能在移动时刻与他们互动的大量方法。

判断移动情境

我们在第二章说过，一个移动时刻的情境使得使用移动设备大大有别于电脑上网。知道某人的位置以及她可能的情感状态、偏好和过去，就能够给你提供丰富的数据集来设计一个更好的互动。正确理解这一点非常重要。当一个劳氏的客户在家里使用智能手机时，她有可能是在查询商店营业时间。如果她在店里使用手机，那么就有可能是在比价或者只是为了找到正确的货架。情境能够告诉你如何在移动时刻为某人提供帮助。

表 3–3 描摹每个移动时刻的情境

要素	需要收集的数据
他们所处的环境？	地点数据：他们在哪儿？ 移动数据：他们的移动速度？ 事件数据：他们还要多久才能登机？ 账户数据：他们离最低余额还差多少？
他们的情感状态或态度？	情感：着急？不安？焦虑？沮丧？开心？悠闲地背向后靠着？ 态度：他们是哪一类人？急躁的？放松的？
他们的偏好、基本信息和过去经历？	偏好：他们对你说了什么？ 基本信息：关于他们你知道些什么？ 过去经历：他们之前做过什么？

三个问题能够让移动时刻的情境化信息浮出水面（见表3–3）。

他们所处的环境？地点是一个关键信息，因为当你知道某人在哪里之后，距离得知他的环境及需求也就近了一步。这是情境中最简单的部分，但也是最重大的区别。如果你知道某人想要送花，你就可以把他导航到最近的地方——或者他已经在那里了，那就建议他选择天堂鸟而不是玫瑰。

她的情感状态或态度？你也许能够推断出某人的思维状态，并随之调整你的反应。在机场，当事情出了岔子时，旅客会很惊慌。汉莎航空是如何在洞悉这种感觉的基础上帮助解决问题的呢？在金融服务方面，美国运通知道关于潜在账户诈骗的警告很吓人，所以他们用一种能让人放心的方式来发送它们，并显示出一种能够正确、简捷、迅速做出反应的能力。

他们的偏好、基本信息和过去经历？客户分享得越多，你的服务就应该越智能。如果对方是一个回头客，那就要充分利用你过往的交易和互动记录。例如在美国联合航空公司，移动应用能知道你是否具备TSA预检资格，或者是否够格进入美联航贵宾休息室，而且它只会对具备相关资格的旅客推出类似选项。这就是让移动时刻成为一个复杂技术问题的地方，因为你的核心技术系统现在必须要和移动应用直接相连。

把这些步骤放到一起——分析客户、将移动时刻分类、判断情境——能够让你形成对潜在的移动时刻的基本概念。但是什么样的时刻才是最重要的？为了做出决定，你需要进入IDEA循环的下一步——设计。

设计移动互动

移动时刻就像观念。拥有得越多并不一定能让客户生活得更惬意。

设计这一环节能帮你解决这个问题。它能够让你在客户利益以及其对公司的价值的基础上来判断移动时刻的优先级。让我们来看看赫兹公司是如何解决这个问题的。

赫兹公司的首席技术官罗布·穆尔，34 年来一直在思考如何用技术改善旅客的生活。2010 年他发现，旅客落地以后的第一件事就是掏出手机来查收邮件。在他的领导下，赫兹成为第一个能通知客户（要求收到通知）他的车停在租车仓库第三层 K–21 号车位的租车公司。之后，他又把这个通知服务变成了一个可以选择加入的短信服务，再之后就变成了一个专业应用。

罗布随后意识到，这款移动应用是一个能够增进互动的丰富平台。他带领了一个由商业、营销、运营以及技术人员组成的团队，来构想服务客户的新方式。服务项目列表如今已经越来越长：为贵宾提供自动升级，为所有客户提供付费升级，自动办理登机或落地手续，甚至能越过贵宾队伍等等。在每个步骤，他和他的团队都会设计移动互动来满足一个行程匆忙的旅客的需求，并且想方设法扩大那些既能服务客户又能让公司赢利（或省钱）的移动时刻。

为了做出你自己的设计决策，你还需要决定具体如何与你的客户互动，并且判断出该互动为客户带来的好处以及对你公司而言的价值（见表 3–4）。

表 3–4　互动类型及需要使用的时刻

互动类型	使用时刻	案例
事情发生时通知一个客户	利用情境去判断应该发送什么通知，要聚焦在客户可能会关注的事件上。	美联航通知客户升舱。 花旗银行通知客户余额不足。
对信息要求做出反应	通过搜索引擎和操作简单的功能按钮，把需要信息的人和相关内容及资源联系起来。	Solocal根据地理位置远近来对餐厅进行分类。 《纽约时报》把故事推送到手机或平板电脑上，便于离线阅读。
完成一笔交易	当客户已经准备好要购买或提交购买信息时，利用情境来加快交易速度。	美国银行客户点击几下就能完成账单支付。 美国运通让你来决定接受或拒绝一笔可疑的收费。
与客户或员工合作	无论在家里还是在工作环境中，交流都是移动时刻的一出重头戏。使用应用内协作来帮助人们彼此之间保持联系。	Salesforce Chatter让你来回答同事们的问题。 亚马逊Mayday能通过视频让其平板电脑Kindle Fire的用户与客服代表取得联系。
为某人提供娱乐或教育信息	用信息或视频把几秒或几分钟的休息时间变成令人愉快的享受。	ESPN发送关于你最喜欢的球队的消息。 Netflix提供在线电影和电视节目。 在空闲时间玩糖果传奇游戏很有意思。
分享一段经历	使用移动设备轻松连接到社交网络，超过半数的Facebook流量和超过2/3的Twitter流量来自移动设备。	苹果让在Twitter上分享照片变得更容易。 Guinness' Pub Finder让你来给当地酒吧打分，并且分享推荐信息。
获取或创造内容	在允许拍照的地方使用智能手机拍照。你可以用语音输入让人们更方便地在现场输入文本。	思科的员工用照片记录安全问题。 Yelp用户输入信息来评价当地餐馆。

决定如何与你的客户互动

罗布及其团队用三种不同的方式在移动设备上与旅客互动：客户通知、需求反应以及交易执行。例如，赫兹公司让人们搜索停车场上的汽车来找到他们最喜欢的那辆。他们还可以在机场巴士上改变主意，并且在他们走进停车场大门的时候就能知道他们选择的新车停在哪儿。

我们已经认识了一些移动应用程序使用的重要互动类型，从通知到交易再到分享。这些互动类型最重要的一点是：你要从客户的视角出发，你与客户的互动应该与客户想要与你互动的需求保持一致。

基于客户利益与对公司而言的价值优先级排序

你的移动时刻服务于谁？——是你的公司还是客户？

这个问题十分关键。照搬你现有的网络互动并一味强调更多销量，你做出的应用或网站不会有人喜欢，而且没人会用。但只把焦点放在客户的需求上，你可能就会为了一点小小的回报做出巨大努力——公司预算一般承受不了那么多。

选择的方法，也是唯一的方法，就是聚焦于那些能够同时满足客户以及你所在公司利益的功能或时刻。这个想法会让你的努力聚焦，并且帮助你的团队在什么是目前要做的最重要的事情上达成一致。

为了能帮到你，我们创建了一个简单的移动时刻评估工具，你可以以此为客户利益及公司价值评分。对客户利益的评估是在弗雷斯特研究公司的“客户体验层级”模型上创建的，包括满足需求、方便使用、令人愉悦这三项指标。考虑到情境的重要性，我们把它增设为第四个要素。

对于公司价值的计算则鼓励你去量化回报，包括获取的收益、赢得的忠诚度、缩减的成本以及其他类似指标。在这两个分数及其所属象限的基础上，你可以提升你需要最先处理的移动时刻的优先级（见图 3–2）。

图中，那些最成功的功能都在上面两个象限里。

按照从 1（完全不同意）到 5（完全同意）来计分，将每一部分的得分相加，

得出最后总分。

客户利益	分数
该应用程序或网站提供了一项能够提升客户体验的服务。	
该应用程序或网站能让客户在短时间内轻松完成一项任务。	
该应用程序或网站使用方便且令人愉悦。	
该应用程序或网站利用情境来提供更好的体验。	
最终得分	

为你带来的价值	分数
该应用程序或网站提供了一项能够产生收益或缩减成本的服务。	
该应用程序或网站增加了与客户互动的机会。	
该应用程序或网站极大地提升了客户忠诚度或体验感受。	
该应用程序或网站提高了某项商业产出，例如推荐率。	
最终得分	

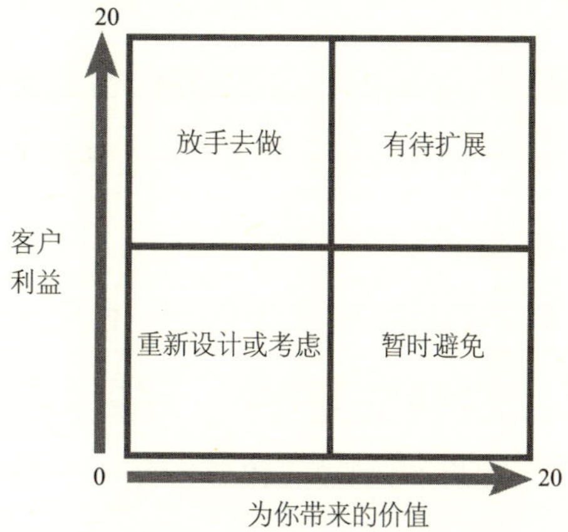

图 3–2　移动时刻优先级评估工具

放手去做。如果你在移动时刻提供的服务能够在帮助客户的同时又对自身有益，那么它就是一个毫无争议的优先任务。赫兹公司的升级功能通过在客户已有订单的基础上追加销售来赚取收益。商务租客非常喜欢这项功能，因为他们能用更少的花费享用到更好的汽车——赫兹公司也喜欢这项功能，因为它能够增加收益，提高员工工作效率。

有待扩展。如果一个功能对客户有益，但是对你的价值不大，那么你就会面临一个艰难的决定：它是否值得去投入？出于商业竞争节奏的考虑，我们认为你应该把对这一类应用或功能的投入当作一种与客户的移动需求保持同步的方式，但是要有计划地扩大该互动，让它也能为你带来收益。举例来说，远程支票存储能为汽车协会联合服务银行（USAA）客户带来难以置信的方便，但是它也可能会同时降低公司的支票处理成本。

下面两个象限是需要避开的功能。

重新设计或考虑。如果一个移动互动对客户来说并不方便，但是可能对你很有利，那么你就需要重新设计它以满足移动需求。当人们把网页上的互动移植到已经不再适用的移动环境中，类似的事情就经常会发生。这也是Facebook在推出它的第一个移动应用时所面临的问题——几乎没人喜欢的“混血”应用作为对网页内容的延伸，该设计对于移动时刻而言既糟糕又迟缓。公司不得不重新设计开发了另一个以移动体验为主的原生应用。这一次他们取得了成功。在2013年的第三季度，与2012年同期相比，移动广告的收益从1.52亿美元飙升至8.82亿美元。[1]如果你想不到要怎么做才能说服客户使用某项功能，那就先放一放，等到你有了更多经验以后再说，因为不能为客户提供简单易用的应用绝对是在浪费精力。

暂时避免。如果一个移动互动既不能给你创造价值又不能给客户带来好处，那么它就被归在最后一个象限。很多现存的网页功能都会出现在这个象限里。如果只是为了保持完整而把它们统统改编过来，那可真是疯了。它们会烧掉你的预算，还会让客户失望。还是把精力放在最要紧的功能上吧。

有了这些分析，你就能够从IDEA循环的识别步骤开始精简你的移动时刻列表，将其简化为3至5个更合理的时刻或功能，然后围绕IDEA循环着手处理这些时刻。

但是到这里还没有结束。即使一个功能值得去做，它可能也不值得付出全部精力。为了弄清你需要付出的努力——这可远不只创设一个应用——你还要仔细看看IDEA循环中的构建环节。

以移动为中心构建平台、流程及人员

你的公司里很多人会觉得“移动”就等同于“应用”，当心这些人，小心他们毁了你。

认为移动只是个应用的错觉绝对会导致失败。为什么呢？因为为了让应用起作用还需要进行系统构建。缺少了技术、运营人员及系统的参与，应用通常会失败，因为它没有用到公司的核心平台及流程。因此移动时刻监测的第三步就是要评估移动互动对公司而言三个至关重要的要素——平台、流程及人员的影响。

使用检验表来评估对平台、流程和人员的影响

既然你很有可能会花费80%的成本和心血来为移动时刻构建平台、流程和

人员，那么你就需要做好准备，给每一个核心系统列出一张你需要关注事项的清单，然后确认这些事项是否可行，是否可以进行移动互动。

你的技术平台准备好支持移动互动了吗？让技术专家加入到移动时刻监测中来，确认后台系统以及你所需要的互动新技术。你需要知道那些技术是否足以支持移动时刻。在美国航空公司，移动注册用户的增长量是网站注册用户增长量的10倍，这就意味着技术团队必须要同比例扩容。对此我们会在第十二章详细描述。

你的客户服务流程已经针对移动互动做出调整了吗？在移动时刻监测中，需要对一系列移动互动将会触及的业务流程，例如卖场服务、零售、市场运营或客户拓展，进行准备和评估。它们会在哪里出现问题？你必须要做出什么改变？相关人员会需要什么新技能？它们能够支持移动互动吗？例如在杰西潘尼公司，店员拥有移动结账终端，但是店里没有票据打印机或者购物袋来帮助他们完成销售。我们会在第十一章继续讲述移动时刻是如何改变核心业务流程的。

你的员工准备好赢得移动时刻了吗？在移动时刻监测中，需要判断如何组织人员来创建移动应用。你拥有正确的技能吗？你已经把业务人员和技术人员整合到同一个IDEA团队里了吗？你是否列出了一张执行表？美国航空公司首席信息官玛雅·莱布曼负责一个移动指导委员会，移动应用主管菲尔·伊斯特尔运营着一个卓越移动中心和一个IDEA团队。我们将在第十二章继续讨论如何组织人员来不断完善移动时刻。

在移动时刻监测这个部分，你知道了要瞄准什么样的移动时刻，如何为了它们的情境而设计，以及建构这些移动时刻的解决方案需要付出什么样的努力。至此已经结束了吗？快了。如果你在进行战略性的思考，那么你也会想要在

IDEA循环的分析环节中，为从后台得来的你和客户（或员工）的新关系数据列出计划。

分析结果以监测业绩表现、优化产出

一个没有分析的应用程序就像一辆没有车速表的汽车。它是在做它该做的事情吗？谁知道呢？当面临预算缩减，功能需求又纷至沓来的时候，你需要一个系统性的方法来做出决策，并且能够向他人证明这些决策的正确性。这就是数据发挥作用的地方。

所以你需要去测量什么以及如何使用数据呢？当你收集到能够帮助你监测业绩表现并且弄清楚如何优化产出的数据时，IDEA循环就完整了。在很多公司，数据和分析是一个显见的挑战；主管们想要获得洞见，但是必要的工具和技能好像总是不够。移动时刻监测是判断你所需要的数据，并且确定你是否选择好使用它们的最佳环节。不要往后拖，因为十有八九你以后再也不会这么做了。

首先，确定你需要的数据。包括使用数据（关于应用自身的数据）、客户数据（包括人们的位置信息等）、商业数据（例如交易或销售）、业绩表现数据（例如速度或呼叫服务器失败）、洞察数据（其他能够帮助你弄清楚事实真相的数据流）。为每一类数据列出一张你需要收集的专门测量指标列表。然后回答下一个问题：收集这个数据可行吗？如果你有了这个数据，你准备好去使用它了吗？这些问题经常会反映出收集数据时微妙的组织机构壁垒。但是要有信心，然后继续回答下一个问题：你手里有对口的专家和适用于分析这些数据的技术吗？

移动时刻监测到这就完成了。现在经过头脑风暴，你已经想出了成千上万个可能的移动时刻，也已经通过设计移动互动筛选出了一个需求列表，然后评估它们对于客户利益以及对你自身的价值。通过监测环节，你还已经做出了一个移动时刻所需的后台系统及流程检验表，最后，你开始判定和创建对数据收集分析的支持，以便完成IDEA循环。

然后呢？现在就到了深入销售、市场或产品开发的具体移动战略细节的时候了。要启动这个环节，你需要了解你所服务的客户的移动思维变革。接下来在第四章，我们将介绍移动思维变革指数来帮助你分析你的客户。

THE MOBILE

MIND SHIFT

第四章 移动思维变革测量

——建构客户想要的移动时刻

有些公司拥有适用于移动的网站，有些拥有移动应用程序，然后就出现了在线电子交易商亿创理财（E-Trade）。

亿创理财诞生于线上。它是随着美国在线这样的线上服务发展起来的。当20世纪90年代中期互联网开始普及的时候，亿创理财也随之迅速发展起来，到2000年其总资产就超过了100亿元。公司的管理层一直都知道，他们的客户要比其他投资者要求更高、更苛刻，就其技术发展来看，他们是一个相当超前的团队。

2008年，亿创推出了一个黑莓设备上的移动应用，这是第一个把他们的投资者从电脑桌面的束缚中解放出来的移动应用。[1]该应用大受客户欢迎，尤其是在2008年股市崩盘的阵痛中。此次崩盘创造了一连串关于“现在我的股票怎么样了”的移动时刻。亿创随之又在2009年推出了用于苹果手机的移动应用，它的iPad应用于2010年6月发布，就在苹果推出iPad仅3天之后。

为了防止挑剔的客户没有留意到这些新应用的发布，亿创又用它非常吸引人的“说话娃娃”广告来为它的应用做推广。在其中一些广告里，娃娃会在iPad上追踪投资。这些广告大多数都选在超级碗期间发布，广告位差不多200万美元一个。

现在每个为投资者服务的公司差不多都有了自己的投资理财应用。这些应用能够做到让你追踪你的证券投资组合、收到提醒、进行交易、查看股票交易行情等等，亿创的应用在这些方面也都做得不错。但是客户想要的更多，公司对此也做出了反应。任何投资类应用都能让你购买100股苹果公司的股票。但是亿创的移动应用是第一个具备语音识别功能的——只要说出“购买100股苹果公司的股票”这句话，你就能开始交易（当然必须在点击确认键之后）。亿创的移动应用甚至能让你通过扫描条形码就能对生产该产品的公司进行投资。

为什么要费尽心力做这么多呢？因为，正如亿创的产品管理部副总裁特龙·道格拉斯所说：“亿创的客户已经全部转变到了移动时刻。”现实差不多也是这样。事实上，在2013年，来自移动设备的客户交易就占到了亿创交易总额的8.4%。在19 000多名为其移动应用打分的用户中，有超过11 000人给了它四星或五星。[2]

这种移动服务的水准相当高，但是亿创的客户对它提出了这样的要求。你的客户呢？

移动思维变革指数

很明显，亿创的移动客户群体有其自身的要求，公司也必须对此做出反应。

你的客户可能也会如此要求，也可能不会。你可以去猜，也可以直接问他们。但是要想真正了解客户的移动思维变革，你必须还要针对他们的移动行为和态度进行实际基准测量。

这也正是我们需要解决的问题。弗雷斯特研究公司每年都会对成千上万名客户和员工进行问卷调查，这给我们提供了充足的数据。我们来仔细看一看这些数据，研究移动互动真正的驱动力是什么，以此来找出一些重要指标。

最后的发现非常有趣。当移动思维变革发生的时候，你可以实实在在地看到：人们开始使用智能手机。他们增加了互动的频率和使用地点的多样性。他们下载移动应用程序，开始对相关公司的移动服务有所期待，并会逐渐提出要求。他们会从一个阶段进入到另一个阶段——开始是沟通交流，然后是消费内容，最终是处理交易。

想想这些，你就能意识到对客户做出错误判断的风险。如果你错误地假定客户已经到了移动思维变革的深入阶段，然后开发出一个非常复杂的移动交易应用，那么喜欢这个应用的人估计寥寥无几。相反，如果客户已经在移动思维变革中浸润了很久，而你的移动功能没跟上，那么他们就会失望，你也会面临客户流失，被已经准备好了迎合其移动需求的其他创业者抢走。

为了精确判断和估量你的移动投入，你还需要一个能够测量移动互动的工具，所以我们提出了这个“移动思维变革指数”。

虽然你无法测量某人的思维状态，但是你可以测量他的行为或态度，这就是指数背后的洞察。通过分析全世界的消费者调查信息，我们组合了一系列测量方法，能让我们为任一群体（包括顾客、员工、运动员、购物者、股票交易者或一般市民等）打分，从而为想要在移动设备上与他们互动的公司提供洞见。

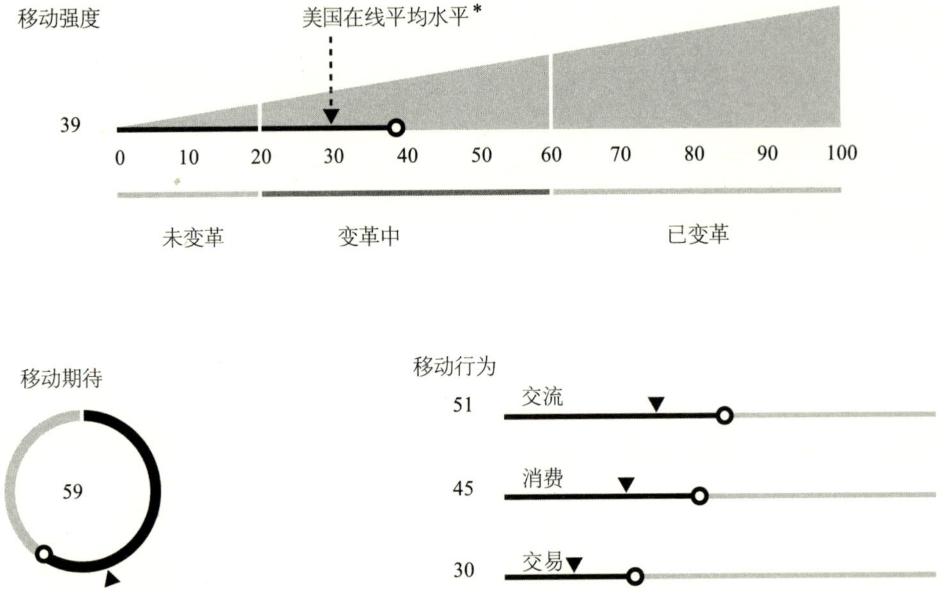

图 4–1　亿创客户的移动思维变革指数

样本：286 名在线使用亿创理财进行投资的美国成人（18 岁以上）
*样本：8 244 名在线美国成人（18 岁以上）
来源：2013 年第三季度美国移动思维变革在线调查

移动思维变革指数由三个主要元素构成（见图 4–1）。首先，有一个移动强度分数，来衡量人们有多热衷于他们的移动生活方式；其次，是移动期待得分，用于衡量人们对于公司提供移动服务的期待程度；最后，是移动行为得分，分为三类（第一，移动交流；第二，移动内容消费；第三，移动交易）。看看亿创客户的得分，以及他们和在线美国成人的平均水平比起来如何，你就会明白亿创为什么这么急着为客户推出复杂的移动应用。我们会在本章后续部分再具体解释这三大要素背后的细节。

移动强度得分

与其他因素相比，凭借两个简单的因素最能辨认出哪些人正在发生移动思维变革。

1. 使用频率。正在发生移动思维变革的人会频繁使用手机（或平板电脑）。所以我们会按使用频率来计分，给移动设备使用频率高的消费者以更多权重。

2. 地点多样性。正在发生移动思维变革的人会在更多新鲜的地方使用移动设备，他们会在家里的不同房间、在户外、在工作单位、在购物时使用，所以我们也会用人们使用智能手机或平板电脑的地点数量来为其计分。

我们把使用频率和地点多样性这两个衡量指标结合起来，创造出了一个0~100分的移动强度得分。如果你没有手机或平板电脑，或者从来不用，你就得0分。如果你两样都有而且还频繁地在各地使用，你就得100分。

美国在线成人的平均得分是30分，但是单一数字背后对应的是不同的具体情况。

年龄是一个巨大的分水岭。18~24岁的人移动强度得分是44分，65岁以上的老人仅仅得10分（见图4–2）。如果你一直猜想年轻客户的移动强度会更大，那么你现在已经可以确认了。那些还未满18岁的年轻人甚至更“移动”，他们甚至可能都不会买台式电脑。

移动强度得分也和收入水平相关，但是相关程度没有年龄因素那么明显。家庭年收入在25 000美元以内的人移动强度得分为26分，但是那些家庭年收入在100 000美元以上的人就能得到32分（见图4–3）。为什么呢？因为收入更高的人群会有更多接触新技术的机会，这就拉高了分数；但他们同时也有可能年龄更大，这又拉低了得分。这也充分说明了为什么你不能只靠假设来判断客户群体。即使你知道某方面的人口统计数据，在移动强度的测量中还是存在多个变量。

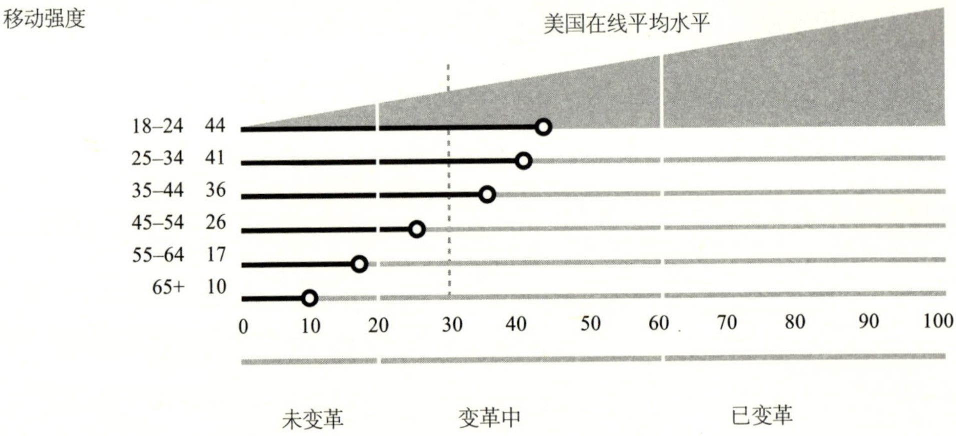

图 4–2　移动强度得分随着年龄增长而下降

样本：8 244 名美国在线成人（18 岁以上）
来源：2013 年第三季度美国移动思维变革在线调查

我们根据移动强度得分来把人们分成四类，包括完全不关心（移动强度得分为 0，从不使用移动设备），未变革（按整数四舍五入后，得分在 0~19 分），变革中（得分在 20~59 分），以及已变革（得分在 60 分以上）。目前有半数左右的人处在变革中或是已变革，这些人往往是最受欢迎的高收入消费者——也是绝大多数移动应用程序最主要的瞄准目标（见表 4–1）。

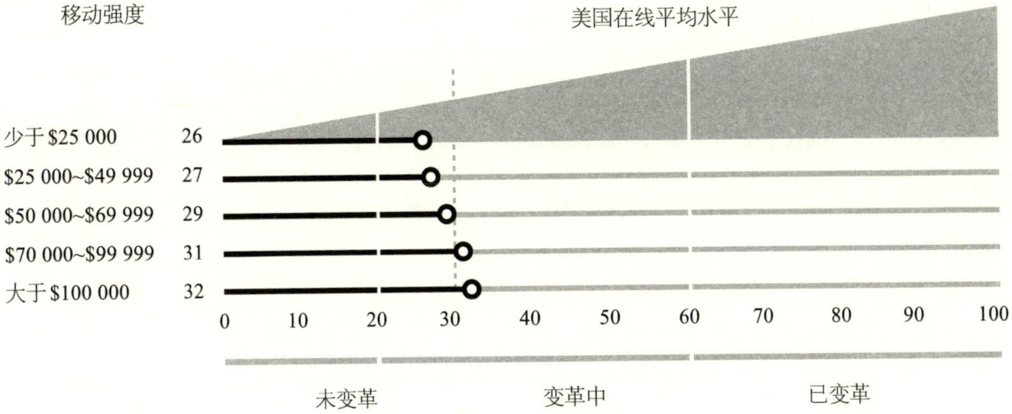

图 4–3　移动强度得分随着收入增加而增加

样本：8 244 名美国在线成人（18 岁以上）
来源：2013 年第三季度美国移动思维变革在线调查

表 4–1　移动强度细分人群特征

	全部	完全不关心	未变革	变革中	已变革
移动强度得分范围*	0~100	0	> 0~20	> 20~60	> 60~100
在线成人比例	100%	24%	26%	29%	21%
男性比例	49%	51%	52%	46%	46%
平均年龄	44	54	47	40	35
平均家庭收入（美元）	80 000	64 000	86 000	87 000	82 000
智能手机拥有率	54%	8%	44%	76%	84%
平板电脑拥有率	36%	5%	45%	42%	51%
向朋友推荐移动产品的人数比例	57%	43%	53%	61%	70%
手机应用数量（不同种类）	3.9	0.3	1.9	5.4	8.5
平板电脑应用数量（不同种类）	2.6	0.1	2.4	3.2	4.8

*按整数四舍五入后的得分所属范围
样本：8 244 名美国在线成人（18 岁以上）
来源：2013 年第三季度美国移动思维变革在线调查

任一群体的移动强度得分都能给你一个清晰的概念——有多少客户在他们的移动时刻等着你来提供服务。知道这些有什么用呢？它能够帮助你说服你的老板（如果你自己就是老板，那么就是你公司的其他人）立即采取行动，同时清楚地显示出错过机遇会造成的损失。

关于亿创理财，移动强度得分能告诉我们什么

让我们来设想一下，假如把特龙 · 道格拉斯的工作给你——在亿创理财管理产品，你应该把大量精力投入到移动应用程序上吗?

为了回答这个问题，我们再来看看亿创的客户。记住，美国在线成人的平均移动强度得分是 30 分，而其他投资公司，比如嘉信理财或者富达投资集团，也在这个分数线上下，因为他们的客户通常比较富裕，其年龄也往往比较大（见图 4–4）。但是亿创客户 39 分的移动强度得分明显超出了美国在线成人（或其他投资者）的平均水平。[3]

现在来看看每个细分人群（见表 4–2）。几乎 2/3 的亿创客户处在变革中，或是已变革，高于我们统计到的其他投资公司的数据。更加耐人寻味的是，这些已变革的客户是谁？归在变革中或是已变革类别的亿创客户，其家庭年均收入超过 123 000 美元，相比之下，归在完全不关心和未变革类别的客户，其家庭年均收入为 102 500 美元。亿创不可能忽略掉这样一群有钱的客户，他们对公司的发展至关重要。

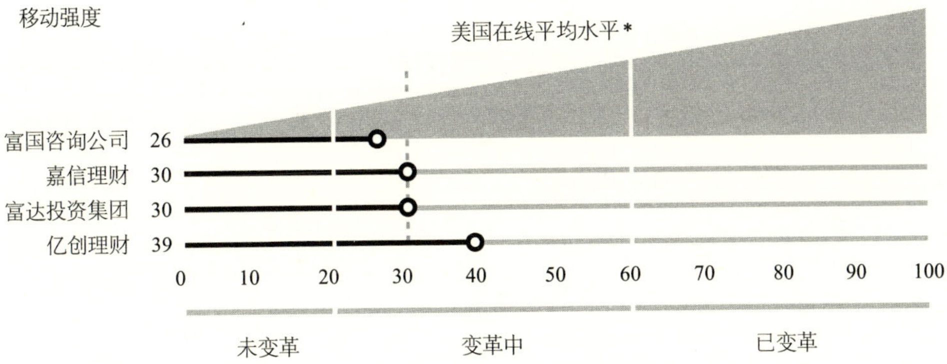

图 4–4 投资者移动强度得分

样本：至少拥有一个指定公司投资账号的美国在线成人（18 岁以上）
*样本：8 244 名美国在线成人（18 岁以上）
来源：2013 年第三季度美国移动思维变革在线调查

表 4–2 投资者类别细分

	美国在线成人平均水平	富国咨询公司	嘉信理财	富达投资集团	亿创理财
完全不关心	24%	24%	14%	20%	8%
未变革	26%	30%	32%	28%	28%
变革中	29%	29%	34%	33%	33%
已变革	21%	18%	20%	19%	30%
变革中+已变革	51%	46%	54%	52%	64%

*样本：8 244 名美国在线成人（18 岁以上）
来源：2013 年第三季度美国移动思维变革在线调查

作为亿创理财的产品经理，你应该把这些数据当作大规模进军移动市场的号角。亿创确实也是这么做的。现在你就能很清楚地知道亿创为什么不只是开发了一个平板电脑应用，而且还要在超级碗赛场上给它打广告，来确保它能触及那些已经发生移动思维变革的客户。

这对你而言有什么意义呢？——在进行移动投资之前，你需要好好评估你的客户群。如果他们的平均移动强度得分已经超过了35分，那么你就最好尽快展开行动。如果他们的得分低于25分（包括25），那么你就还有时间去好好计划一下。如果他们的得分介于这两者之间（25~35分），那你还需要看看移动思维变革指数的其他要素，来判断一下事情的紧急程度。

现在如果回头看图4–1，你会发现还有两个关于移动思维变革指数的要素。你也同样能看到，亿创客户在这两项指标上的得分也都超出了平均分。全套的移动思维变革指数能够帮助你制定正确的移动战略，我们将在本章接下来的部分就此做出进一步阐述。

移动期待得分决定紧急程度

移动思维变革并没有止步于移动强度得分。还记得我们对它的定义吗？移动思维变革是这样一种期待：我能在即时情境中或有需要的时候，得到我想要的东西。那么在你的客户中，这样的期待有多强烈呢？我们用构成移动思维变革指数的第二个要素——移动期待得分来测量这一项。

移动期待得分来自人们对一些问题的回答，包括他们想从企业——移动应用程序和网站上——获得什么样的服务，以及这些应用程序或网站的质量是如何影响他们与开发者之间的互动的。和移动强度一样，它也是按照0~100分来计分，美国在线成人的移动期待平均得分是44分，亿创用户的平均得分是59分，又一次远远超出了平均值。

绝大多数时候，移动期待得分和移动强度得分呈正相关（见图4–5）。[4] 如果你的客户的移动期待得分超过了 40 分，那就为你应该尽快采取行动提供了进一步的数字证据。客户不只做出了移动思维变革，他们实际上还在根据你提供的产品和服务来对你的公司做出评价。

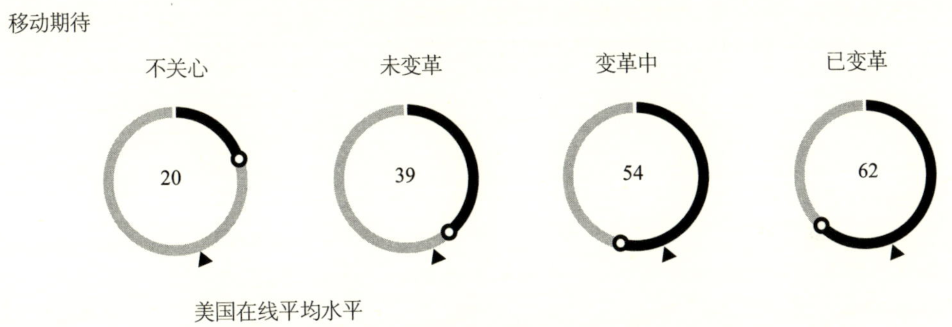

图 4–5 移动期待得分随移动强度增加而上升

样本：8 244 名美国在线成人（18 岁以上）
来源：2013 年第三季度美国移动思维变革在线调查

让我们来看看这些测量指标的现实意义。我们查看了那些在线访问媒体网站的人的移动期待得分。一般来说，阅读人群移动期待得分更高。即使在线阅读地方报纸的读者，其移动期待得分也能达到 50 分，超过美国在线平均水平。但是在线读者之中，移动期待得分最高的是《娱乐周刊》（*Entertainment Weekly*）的读者，为 56 分（见图 4–6）。

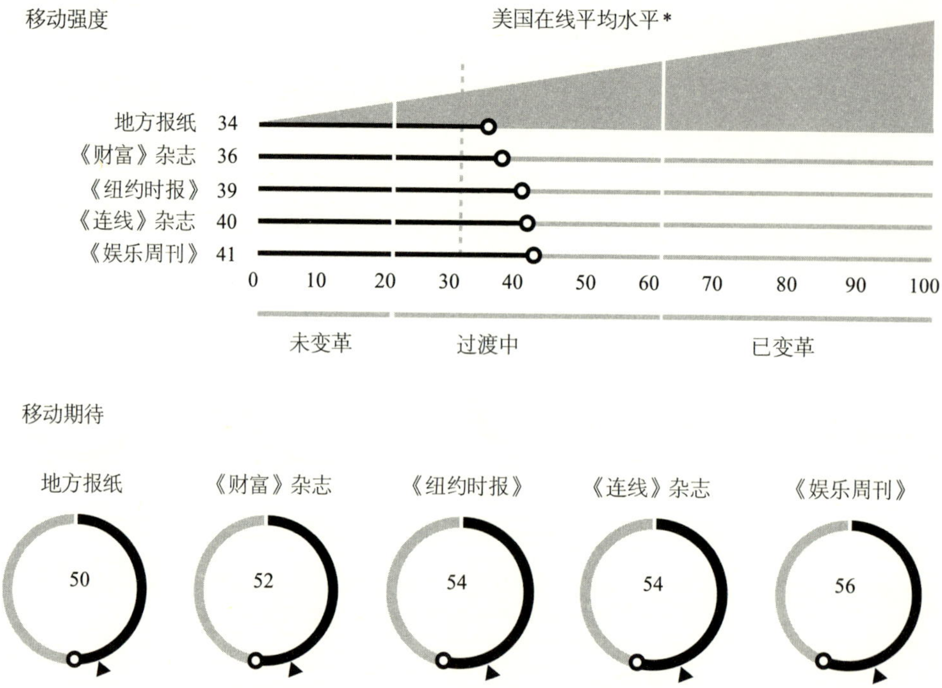

图 4–6 在线读者的移动强度及移动期待得分

样本：最近一个月在线阅读过上述出版物的美国在线成人（18 岁以上）
*样本：8 244 名美国在线成人（18 岁以上）
来源：2013 年第三季度美国移动思维变革在线调查

《娱乐周刊》成功满足了读者的期待吗？是的。它当然有一个可供下载、阅读以及搜索杂志内容的应用，但更重要的是，你点击"必读推荐"，《娱乐周刊》的应用就会推荐一周内电影、电视节目、音乐、书籍、游戏以及其他方面的内容。如果你发现了感兴趣的内容，可以把它加入到自己的"必读推荐"列表中，随后在你想知道本周有什么好玩儿的事情的时候再去查阅它。由于传媒公司的生存命脉就在于吸引受众的眼球，所以《娱乐周刊》不可能在读者选择娱乐方式的时候，把这些满怀期待的客户拱手让给像IMDb（互联网电影资料库）这样的竞争者。

移动强度得分能够告诉你客户是否准备好了进行移动互动。但是移动期待得分能告诉你他们的期待程度如何，换句话说，你的缺席，或者提供了一个质量和使用体验很差的应用，是否会让他们失望。如果你的客户的移动期待得分超出了平均水平，那么你最好能跟上，因为那才是他们想要的。

但是你应该怎么做呢？为了回答这个问题，还要来看看他们的移动行为。

移动行为测量指标帮助你制定战略

你的移动应用程序和移动站点中都应该包括什么功能呢？那要看你的客户习惯在移动设备上做什么。如果他们只是用来发短信，那就别指望他们能在你的应用上买房子。相反，如果他们已经准备好了使用交易功能，那你最好能让他们如愿以偿。

这就是我们为每个消费者设计了三类移动行为的原因（见图 4–7）。一个用来测量他们的交流互动行为，例如发短信、发邮件；一个用来测量其内容消费类活动，例如看视频或研究购物信息；还有一个用来测量他们是否在移动设备上进行交易，例如买东西或预订旅行项目等等。和其他指标一样，这三类行为得分也都是按照 0~100 分的范围来计算的。

我们把移动行为和移动强度放在一起对比来看，就能够清楚地看到移动思维变革究竟是如何发生的。在变革的过程中，人们先是在移动设备上交流，然后是内容消费，最后才是交易。

再来看一下关于移动强度的人群细分类型。其中“未变革”的消费者移动交流得分仅为 25 分，几乎没有内容消费或交易行为；“变革中”的消费者在移动

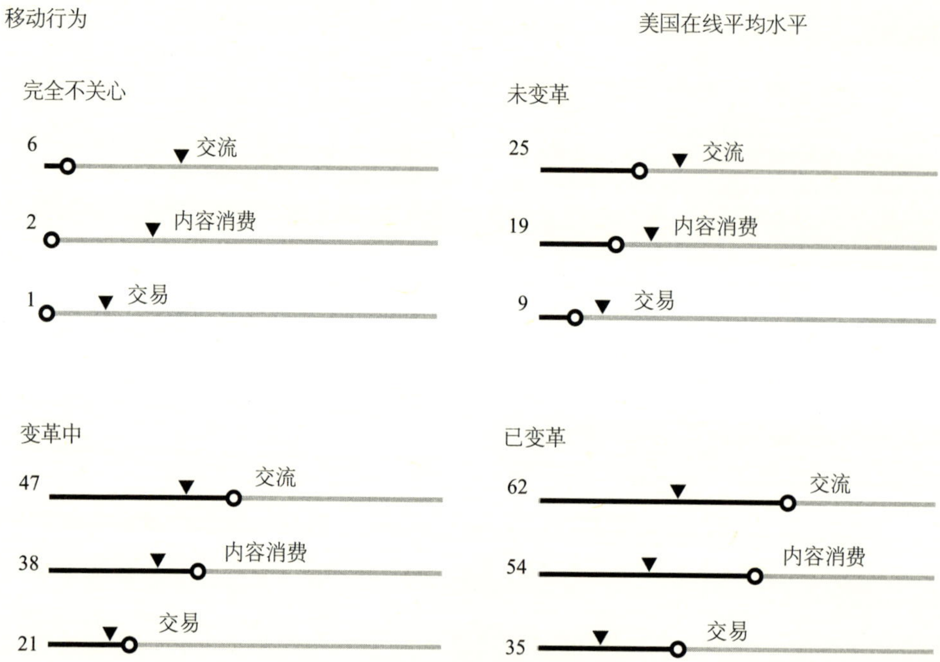

图 4–7　移动行为随移动强度而改变

样本：8 244 名美国在线成人（18 岁以上）
来源：2013 年第三季度美国移动思维变革在线调查

交流上表现良好，通常会使用发短信之类的移动应用程序，但是在内容消费（例如查看天气）上表现平平，交易功能的使用也才刚刚起步；即使处在“已变革”类别中的，移动交流和内容消费得分最高的客户，其交易行为表现也是不温不火。这就表明，在移动设备上进行交易对客户而言仍相对复杂，而且很多消费者（即便已变革），也还没有准备好在手机或平板电脑上购物。那就再等等吧，他们会逐渐上手的。

这三项得分具体要怎么利用？让我们来看看几家零售商的客户数据（见图 4–8）

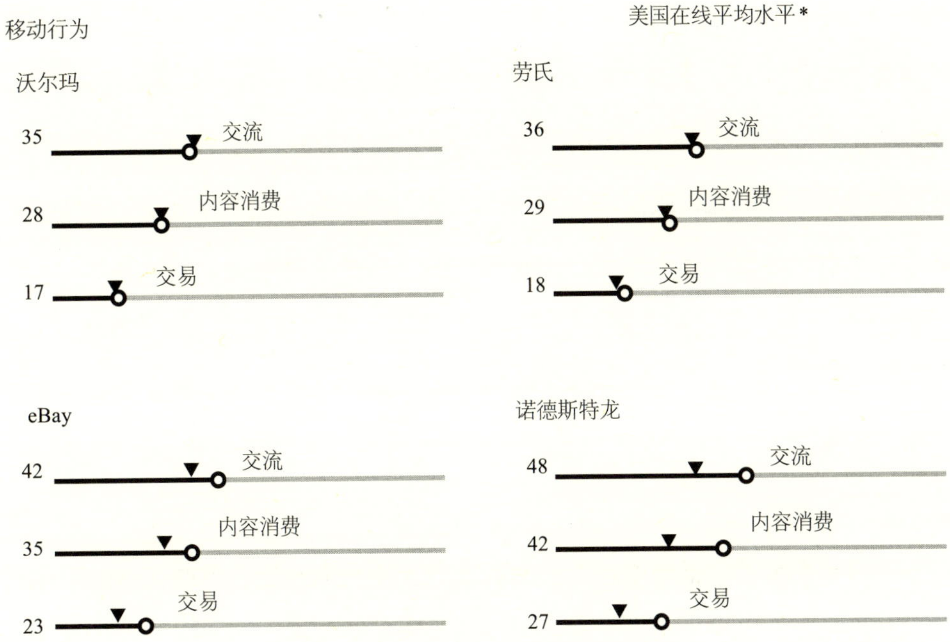

图 4–8　零售商的客户移动行为得分

样本：在过去三个月中，曾在上述零售商指定渠道购买过东西的美国在线成人（18 岁以上）

*样本：8 244 名美国在线成人（18 岁以上）

来源：2013 年第三季度美国移动思维变革在线调查

注：对沃尔玛、劳氏、诺德斯特龙的客户分析是基于卖场客户数据，对易趣的客户分析则是基于在线客户数据

劳氏应该怎样理解这些分数呢？劳氏的客户在交流和内容消费两个方面的得分高于美国在线消费者的平均水平。来看看它的应用，它成功抓住了一个移动时刻：卖场时刻。如果你在应用上发现了一个产品，它就能精确定位该产品所在货架的位置。从表现平平的 18 分交易得分来看，劳氏的客户暂时还不需要在手机上完成交易，但是商家必须对他们保持密切关注，同时也要留意客户需求是不是在其他竞争者那里得到了满足。

不出所料，eBay 的客户在移动交易得分上表现更出色，23 分。这当然不足为奇——毕竟eBay就是做电子商务的，所以公司也觉得有必要开发一个具备电子商务功能的应用。出现在物品下方的评论功能满足了eBay买家的交流需求，收购条形码扫描软件RedLaser后推出的条码扫描功能也让消费过程变得更容易。应用的作用显而易见，放在eBay上销售的40%的商品如今都增加了一个类似移动设备触点的装置。迄今为止，eBay应用的下载量已经达到了1.86亿次。而且在2014年1月，我们在苹果的应用商店查看它的苹果手机应用时，在满分为5分的评级体系中，超过20万名客户的平均分达到了4分。eBay现在又进一步把关注点放在它的“当日送达”（eBay Now）服务上，来完成本地交易。我们将在第十三章具体讨论。

最后我们来看看诺德斯特龙。和其他几家零售商相比，它的客户的三项得分都是最高的。诺德斯特龙的移动应用在内容上的表现十分强大，它拥有博客和一个集购物、时尚观念于一身的Instagram订阅源，你可以在上面完成交易。诺德斯特龙一直在关注给店员提供移动设备来提升店内购物体验——很明显，基于这些得分，它的买家们已经准备好了。但是就我们对诺德斯特龙买家的分析来看，公司其实还能通过研究购物者的移动时刻——包括交易时刻——在其移动应用上推出更多功能来影响销售，从而获得更多利润。

把它们放在一起——移动思维变革得分解读

在本章我们提到了很多数据，这些数据你应该怎么用呢？在和客户合作的基础上，我们创建了一个表格，用于描述根据你的客户得分推出的最佳执行战略。

表 4–3 根据客户的移动思维变革得分制定你的移动战略

1. 移动强度得分
判断是否适合在移动设备上与客户互动。 • 少于 25 分。低移动强度。只有少数客户准备好了接受移动互动。 • 25~35 分。中等移动强度。依据移动期待得分来决定是否开始行动。 • 超过 35 分。高移动强度。查询移动期待得分，然后迅速采取行动。

2. 移动期待得分
判断需要推出一个移动应用或网站的紧急程度。 • 少于 40 分。低移动期待。从客户的移动使用中找找线索，但是一般来说，针对移动互动的大规模投入不是当下的紧急要务。 • 40~50 分。中等移动期待。建议从现在开始投入，已经有不少客户在期待你的移动服务了。 • 超过 50 分。高移动期待。你的客户在强烈要求移动互动，得不到就会失望。你需要尽快采取行动。

3. 移动行为得分
判断有哪些功能是客户想要的。 • 大于 30 分的移动交流得分。高移动交流得分意味着对于短信、移动通知以及手机邮件等服务的需求。 • 大于 30 分的移动内容消费得分。高内容消费得分意味着对在线新闻订阅、视频或其他优质内容的需求。 • 大于 30 分的移动交易得分。高移动交易得分意味着对存款或支付账单、订票或完成购买等功能的需求。

注：移动战略决策同时也要依据公司的具体情况，包括由同行业其他创业者或竞争者设定的移动期待。

当你再去回顾这些经验法则的时候，记住几件事：

如果你的客户的移动强度和移动期待得分都很低，那说明他们在移动互动上并不十分积极。这时候你需要放缓你的移动投入，并留意客户和竞争对手。即使得分不高，也要努力寻找在移动设备上与客户互动的机会，时刻做好准备，一旦客户开始适应移动互动，能够及时追加更大规模的投入。

如果你的客户的移动强度和移动期待得分都适中，那你需要查看一下在你的客户群中，那些已完成变革的客户是不是其中最具价值的一部分（高资产净值，消费高，常客，口碑传播，诸如此类）。这时候你需要审慎地投资，并为你现有的网站做出移动优化。要记住，客户在不断成长，接下来的步伐可能要越来越快。

如果你的客户的移动强度和移动期待得分都很高，那么客户已经在期待你能给出相应的服务了。用移动交流得分、移动内容消费得分和移动交易得分来判断一下什么样的功能是可接受的。然后再回顾一下我们在第三章所讲的内容——根据这些功能能够给公司和客户带来的利益来判断哪些功能最值得开发。千万记住如果你不立刻采取行动，那么某个创业者很有可能已经虎视眈眈，准备好抢夺你的移动服务市场了。

全世界在以不同的步伐实现移动思维变革

在弗雷斯特研究公司工作的一大好处就是，你能接触到来自全球的数据和洞见。我们的分析师遍及全球市场，我们可以切实比较不同国家的国民移动互动情形，再加上对各国商界人士的访谈，就能够让我们绘制出一幅全球移动思维变革的图景。

这幅图景非常有趣。无论你是一家全球性的跨国公司还是地方企业，都需要知道一些当地市场的情况。移动技术正在以超过以往任何数字技术的速度，向着更广泛的空间蔓延。但是全球各地的情况不尽相同。在美国，应用已经泛滥。在欧洲和亚洲的一些领先市场上智能手机普及度很高，但是他们更多使用移动网站，应用相对少些，而且有很多和行业内知名企业的合作。在发展中国家的市场上，当整个国家都在从PC互联网直接跳到手机移动互动的时候，其移动时刻——并不一定在智能手机上——正在催生出一个创新式爆发。移动思维变革指数让这些变化的测量成为可能。看看那些我们曾经调查过的国家或地区的移动强度得分吧（见图 4–9），[5] 如果你想要把生意扩展到全球，这里能够提供一些值得参考的移动行为洞见。

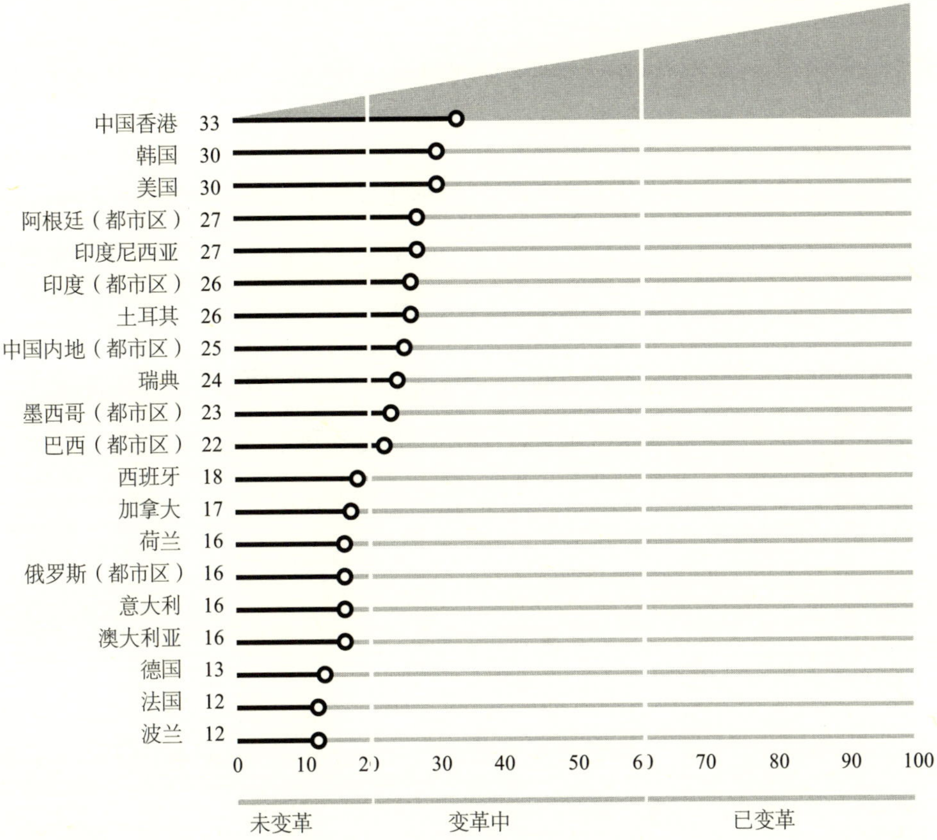

图 4–9 一些国家移动强度得分对比

样本：各国在线成人（18 岁以上）
来源：2013 全球技术图表在线基准调查，
2013 年第三季度美国移动思维变革在线调查
注："都市区"指调查仅限于该国主要大城市

在亚洲领先市场，消费者热捧移动互动

全世界只有四个地方已变革消费者数量超过总人口的1/5——中国香港、韩国、阿根廷（都市区）和美国。香港的智能手机数量已经超过了人口数量。但是如果看移动强度，韩国可能会是世界上最吸引人的地方。作为全球最大的手机制造商三星的诞生地，韩国的地铁里到处都是用手机看视频或玩游戏的人（手机游戏在韩国非常流行，以至于政府不得不出台规定限制每天花费在电子游戏上的时间）。

截至本书出版前，关于日本的相关数据还没能拿到。这是另一个和中国香港、韩国旗鼓相当的移动互动市场。到2016年，日本一半的人口都会使用智能手机。目前，日本消费者已是移动设备的资深用户，其每日通勤过程中使用手机的时间加起来长达好几个小时，并且他们对移动内容、移动社交网络以及移动电视的使用都非常热衷。日本尼桑公司就充分利用了消费者频繁使用浏览器的习惯，推出了新鲜、精湛的内容供其在通勤过程中阅读，在最近的诺基亚车展上他们获得了300万的视频点击量。日本消费者还可以使用智能手机登录一个叫作“Jibun Bank”[①]的手机银行（一家由三菱东京日联银行和电信运营商KDDI共同组建的合资企业）来办理业务。

有一个叫作“Line”的移动应用最近在日本特别流行。这是一个拥有动画表情（一些有趣的小图形，类似于表情符号）和互联网语音功能的移动通信应用。通过与智能手机结合，Line成了一个能用图片、游戏、时间轴和语音功能来加强家庭成员或密友之间交流互动的社交生活平台，目前，Line的注册用户

① 该银行日文写作“じぶん銀行”，意为“自己银行”。——编者注

已经迅速飙升至3.1亿，他们每天发送约72亿条消息，使用约10亿个动画表情。基于动画表情商店、游戏付费这样的应用内购买，以及企业营销账号为与消费者互动投入的花费，Line在2013年第三季度创造的收益已经超过了1亿美元。

在中国和印度的大城市中，已变革消费者的互动方式不同

印度的移动人口使用的移动设备可能更简单——2013年，只有8%的印度人拥有智能手机——但这并未能妨碍印度的创业者积极开发适用于非智能手机的移动应用。拥有超过5亿手机用户的印度，其移动在线消费者人数仅次于中国。通过它的LiveScreen和Start应用平台，像Celltick这样的公司每天会派出3万余张移动优惠券，包括印度本地商品和各种型号手机等。Tech Mahindra为想要找工作的人和潜在的雇主提供了一个成功率相当可观的移动招聘服务平台，他们会在各款手机上发送推荐信息，并且提供一个"点击通话"功能用来完成交易。

和亚洲其他很多国家相比，中国大城市的消费者无论在手机使用频率还是使用手机的地点数量上都偏低，他们的移动强度得分仅为25分。但是中国拥有全世界最多的智能手机用户，他们今天还在严重依赖速度迟缓的2G移动网络，他们习惯于在工作单位、商场和其他公共场所搜寻更快的Wi-Fi连接。在中国，移动优惠券和二维码非常流行。比起下载大堆的应用，中国人更喜欢为数不多的几个移动应用服务，例如微信。微信是一个拥有6亿注册用户的社交网络平台，用户可以在上面给朋友发送语音信息、文本信息、视频以及图片。寻求更广泛客户接触的中国企业通常会把他们的服务应用整合设计到微信平台里，一

个叫作“顺口溜”的北京餐馆甚至允许客户通过它们在微信上的“微餐厅”来订餐。正如弗雷斯特负责中国市场分析的布赖恩·王所言：“基于移动设备在中国的高渗透率，移动时刻为企业创造了接触不同区域大量客户的机会，包括从城市到农村的不同消费者。”

欧洲消费者移动强度偏低

欧洲国家，例如德国和法国，移动强度得分都较低，这是由于欧洲消费者使用移动设备的频率更低，地点变化也更少。遏制欧洲消费者移动强度得分的诸多因素包括：较低的智能手机和平板电脑普及率，针对移动手机数字计划的限制，以及公共Wi-Fi区域的相对缺乏。但是这没能阻止一些欧洲企业开拓移动时刻的脚步。弗雷斯特驻巴黎的移动分析师托马斯·于松希望欧洲能够加快移动思维变革：“随着越来越高的智能手机普及率、4G移动网络在欧洲的逐步推进以及更多可负担的数字计划的推出，我希望欧洲的消费者能够尽快赶上美国消费者的程度。”这个加速在瑞典已经初现端倪，其移动强度得分明显高于其他欧洲国家。

澳大利亚的公司正在大力发展移动事业

澳大利亚是移动互动的温床，虽然它的移动强度得分相对而言并不高。我们将在第六章讲述费尔法克斯媒体公司推出的功能复杂的新闻移动应用。澳大利亚的银行在移动应用上的表现也相当出色。澳大利亚联邦银行曾经发布一个应用，来帮助首次置业者通过实景放大的功能简化发现和消费目标区域房产的过程。该银行最终通过移动应用获得了更多购房贷款。ING Direct

银行也曾推出一个颠覆性的移动客户体验，允许客户无须登录就能查看账户余额。结果，在最初的三个月，下载该应用的客户就达到了20万，是过去三年的数字之和。

移动时刻将去向何方

我们已经见识过很多次新技术浪潮的扩散，包括20世纪90年代PC的普及和2000年时互联网的无处不在。处在连线状态的消费者和企业员工已经深深影响了我们看待世界的方式。

然而，移动思维变革的加速比过去所有这些技术浪潮来得都要快。

在发达国家，智能手机已经占据了全部手机销量的一半，并且它们将很快变成移动设备的标准配置。智能手机不可抗拒的吸引力会刺激人们在更多移动时刻尝试更多的移动应用和体验，拉高移动强度得分。在美国，我们看到在2013年的6个月时间里，移动强度得分从20分上升到了30分。在欧洲，随着移动市场结构的转变以及壁垒的去除，其迅速赶上也指日可待。到2015年，欧洲的智能手机拥有者也将超过半数。

在日本、韩国以及中国，迅速扩大的智能手机普及率，尤其是在农村地区，将会创造出全新、独特的互动方式。在2014年（本书原版出版的年份），中国的智能手机用户即将超过5亿，这让它成为比美国和欧洲加起来还要大的智能手机消费市场。我们可能会看到更多基于移动网站而不是应用的新移动互动形式的出现。并且因为社交媒体在亚洲的高渗透率，未来亚洲的移动时刻很有可能会成为移动社交时刻。

但是，最大的变化可能会发生在非洲这样的欠发达地区，在那里移动银行、移动保健以及对移动信息的接入可能会改变整个民族。我们估计会有超过半数的非洲人民拥有手机。便宜的移动设备能给之前处于“未连接”状态的消费者带来巨大的创造力和创业精神，生发出繁荣的经济。

点击进入移动时刻的企业的未来就在眼前。从第五章开始，我们将会一一介绍如何能够在销售、市场以及产品设计领域利用移动时刻创造商业利益，以及新商业模式是如何在全球范围内对不同类型的公司形成挑战的。

第二部分

移动商业变革

THE

MOBILE

MIND

SHIFT

THE MOBILE

M I N D S H I F T

第五章 **销售变革**

——利用移动时刻来影响和促进交易

“人人都爱葡萄酒和烈酒生意，这是个稳定的行业，从来不缺乏喝酒庆祝的理由。”杰米·阿金如是说。杰米是他的家族企业——位于新泽西州品萨肯市的罗杰·威尔科酒类折扣专卖店（Roger Wilco Discount Liquor Store）的首席财务官。稳定当然好，但是到了移动时代，速度就更受青睐。因此他们转变了烈性酒销售方式，让阿金家族融入移动销售的大潮之中。

杰米的父亲埃利奥特和他的叔叔乔在一个传统店面中创建了罗杰·威尔科商店。乔觉得他们应该考虑一下在线销售机会，但是埃利奥特坚决反对：“不行，那只会增加管理费用。”最后乔提出了一个折中方案（出自他的儿子爱德华）：“如果我们每次只（在线上）卖一种酒，怎么样？”埃利奥特同意了这个方案，兄弟俩共同开创了WTSO.com。

这个叫作“Wines Til Sold Out”（美酒售完即止，缩写为WTSO）的网站，每次只对一种高价酒打折，售完为止，然后再推出下一款。和大多数在线企业不同，WTSO更强调购买的紧迫性而不是品种的多样性。顾客必须要在其“限时抢购”的周期内下单，不然就会错失交易。每次在线上只销售一款酒对商店来说操作也容易得多，他们只需要在店铺的仓库给指定的那款酒贴上邮寄标签，然后把它发给客户就行了。

WTSO的经营非常成功，但是客户经常会因为忙于工作，或者恰好没在电脑跟前而错过交易。对此杰米如此描述：“每一分钟对我们来说都是金钱，我们希望能保证每个人都有下单的机会。时间是关键。当销售开始的时候，你会听见‘滴答’‘滴答’的时间流逝声。”电子邮件并不能很好地解决这个问题，但是移动设备能。

如果你下载了WTSO的移动应用，那么交易开始的那一刻，你就能听见玻璃杯叮叮当当碰撞的声音。对于客户来说，这个声音成了一个巴普洛夫反应的诱因。消费者知道可以开始购买了，时间在一分一秒地流逝，他们下单完成交易的时间很有限（杯子碰撞的声音也引起了他们周围朋友的好奇，通过口碑传播带来了更多下载量）。

最终效果如何呢？2013年某一天，WTSO卖出了超过105 000瓶酒。如今，商店45%的工作日销量和70%的周末销量都来自手机。对于一家新泽西的酒品折扣店而言，这是相当不错的成绩。

移动时刻对销售的影响不是你想象的那样

WTSO是一个令人兴奋的成功案例，那么阿金家族的行为能够被复制吗？恐怕不行。

你现在已经来到了如何用移动时刻影响销售的阶段。请抛开你的先入之见，你将会了解到，一旦涉及销售问题，移动策略所带来的结果通常会和你最初的期望正好相反。现在我们要带你穿过这片误区，告诉你哪里才是真正的机会。

以下是在本章你将学到的一些有违直觉的事：

移动销售和电子商务不同。冲动主导着大多数的移动销售。

移动影响力比移动销售更重要。比起完成销售，移动设备在影响销售方面发挥的作用更明显。

移动不是一个渠道。如果你是在围绕移动“渠道”来组建你的移动战略，那么你会错失真正的机会。

移动改变了销售的方方面面。它改变了你要销售的商品、销售的地点以及定价的方式。

对于忠诚客户，店里的移动设备能帮助提升销量。人们会“先逛店再网购”，也就是，在店里看上的东西他们会用手机去比价，这很让卖家忧心。但是如果你把他们的移动设备绑定到你的客户忠诚度计划上，店里的移动设备就真的能够带来销量。

最后，**移动时刻对大宗商品的销售尤其有益。**特别是在B2B（企业对企业）交易中，销售员能够利用手中的移动设备来增加成交率。

所以开启你的思维，来接受一种看待销售的新方式吧，接下来我们将逐一阐述这些观念。

移动销售和电子商务不同

电子商务涉及选择、效率以及发现。它针对网页设计，供人们反复浏览商品，进行对比，点进去查看更多细节，然后再返回来查看他们的收藏。它就像一个无限的、可供点击的商店。

移动销售则完全不同。

移动销售的成功通常是基于某个移动时刻的一阵冲动。看到一个交易，点进去，然后继续。充分利用这种冲动，你就能实现更多销售，就像WTSO曾经做到的。类似Gilt Groupe、Rue La La以及Groupon这些公司，和WTSO一样，都在用“闪购”模式赚钱。

移动销售的地位不容小觑。根据弗雷斯特研究公司的预测，与2013年的180亿美元相比，到2018年，美国消费者通过手机购买的商品或服务的总价值将会达到450亿美元。[1]这些大多数都是高利润销售，是商家原本可能会错失或者面临库存不足（就像飞机座位）时的冲动型购买。就像达美航空的营销和数字商务部副总裁鲍勃·库本斯所说的：“移动时刻就像商店里的端头货架，那里就是你放置冲动购买商品的地方。”

如果你已经有了一个电子商务小组，不要对他们放任自由，或寄望于把你在网页上所做的事情复制一份就完了。客户想要的并不是把现有的电子商务网页缩小到一个智能手机屏幕尺寸大小。我们的客户经常会有这种想法，把他们在1998或2000年创办的网站内容照搬到手机上。当然他们多半都不会成功，你也一样。就像弗雷斯特的电子商务专家苏查里塔·穆尔普鲁所指出的那样：“在电脑桌面上大家做的事情都差不多，但是移动策略必须根据自己的实际情况来量身定制，你不可能靠照搬别人来取胜。”

就销售的现状而言，如果停下来想一想，你就会意识到在大多数案例中，冲动购买并不是驱动购买的主要因素。可能会有很多客户愿意尝试移动购买，但是几乎所有客户都想得到实时信息。所以，对于大多数企业而言，移动时刻对于销售的影响意义要比最后的实际成交来得更重要。

移动影响力比移动销售更重要

移动时刻对销售的影响究竟有多大？根据德勤数码的凯西·洛保夫预测，到 2016 年，移动时刻将会影响到美国 6 890 亿美元的店内零售额度。[2] 这个预测很合理，当更多客户进行移动思维转变，他们查看手机的频率也会更高，更下意识。这 6 890 亿美元（仅在美国）不但使移动销售，同样也使在线销售相形见绌。预计同一时期的电子商务销量还不到这个数字的一半。

即使是在商店里，移动设备也能促使客户做出购买决策，或者至少帮助他们做出更好的选择。人们用手机在卖场里做什么呢？在拥有手机的美国在线成人之中，有 14% 是在研究产品，10% 是在阅读商品评论，9% 是在比价。你可以想办法让他们在商店里获取信息变得更容易。

在商店里，企业影响消费者决策的一个方式就是使用 2D 条形码，客户可以通过扫描条形码获得更多信息。电子零售商百思买为其货架上每个商品都贴上了条形码。顾客只需扫描一下条形码就能看到产品的细节信息、相关评论以及产品对比。制造商们也在通过这种方式来帮助客户获取信息。Smashbox（某化妆品牌）以及 Ryobi（某电动工具品牌）都在使用产品包装上的 2D 条形码来把购物者连接到产品展示视频，引导客户决策。

但是追踪移动时刻对不同渠道的影响可能会对商业带来挑战，尤其是零售业，这就是索娜·乔拉在沃尔格林必须要解决的问题。

案例分析：沃尔格林如何将移动影响力转化为跨渠道收益

索娜·乔拉一向擅长于用创意解除障碍。她来自印度，想到美国读大学，学习计算机科学与数学。但是父母坚持要她选择一所女校。对此她最后的解决方案是：选择位于波士顿郊区的声誉卓著的卫斯理女子学院入学，但是去附近的麻省理工学院补修相关课程。她大三是在麻省理工学院度过的，但毕业于卫斯理学院。对她来说，女校和男女同校之间的界限根本无所谓，所以就想了个办法绕开它。

作为沃尔格林及其超过 8 000 家零售店的电子商务总裁，在 2010 年，当数码照片和移动设备为她的工作带来了新挑战的时候，她需要知道过去传统的界限在哪里。

“看着实体店和数码产品，我们发现我们是在推进两个完全不同的东西。”索娜回忆道。实体店更注重销售实体摄影产品，包括电池和附件等。而数码团队想要销售更多基于数码照片的产品，例如电子贺卡和日历等。而且，对数码照片的需求增长十分迅速。“在我们看来，消费者行为在改变，而且我们的数码团队能够认识到这一点，”索娜说，“我们走到了一个对沃尔格林极具价值的商业引爆点上。”

由此沃尔格林想到了一个解决矛盾的办法。它把照片业务的盈亏损益（包括数码产品和实体店）绑在了一起，然后把它们统一放在索娜的电子商务组下面。公司的领导层从中看到了机遇，就把整个业务板块都交给了索娜的团队。这可能是因为她已经在零售业务方面建立起了良好关系。为了巩固这些关系，她特别挑选了一个大半辈子都在做零售业务的员工来主管整个照片业务板块。

2011 年，智能手机带来了对在移动设备上拍摄数码照片的大量服务需求，照片业务因而也发生了改变。一个严格按照渠道来组织的商业体——把网络、移动和实体店当作拥有各自投入和产出的独立实体——将很难有效利用这样的机会。但是索娜的照片业务单元的新组织可以。

手机在拍出更多照片的同时，也创造了更多的流量和冲动消费。手机和平板电脑构成了超过半数的沃尔格林公司网站的访问量。公司改变了其照片业务的市场营销和促销组合，变成在店里和线上同时对数码和实体照片产品进行推广。它增加了一些功能，允许人们从其他应用上发送照片到沃尔格林来打印，而不仅限于沃尔格林自己的应用。由于沃尔格林公司的清晰定位，正如索娜所说的，“我们改变了照片行业的发展方向”。在 2010 年，公司只有不到 1%的在线照片打印订单来自移动设备，到了 2013 年，这个比例已经飙升到了 40%。

沃尔格林高效的组织结构（没有渠道筒仓）带来了它最终决策的不同。只有按照这种方式组织起来的公司才能够从移动时刻的变化中真正获利。

移动不是一个渠道

一旦你意识到移动的影响力，你也就知道了为什么把它当作一个渠道来对待毫无意义。这也是沃尔格林公司的发现。移动会消灭渠道——它就像花园里的肥料，而不是另一根四季常青的花枝。如同德勤数码的凯西·洛保夫所言："（移动）不是关于如何连接渠道，而是如何摆脱渠道。渠道不应该去主导库存、产品分类、定价决策或者客户。"通过这样的思维方式，沃尔格林成功抓住了移动照片时代的机遇。

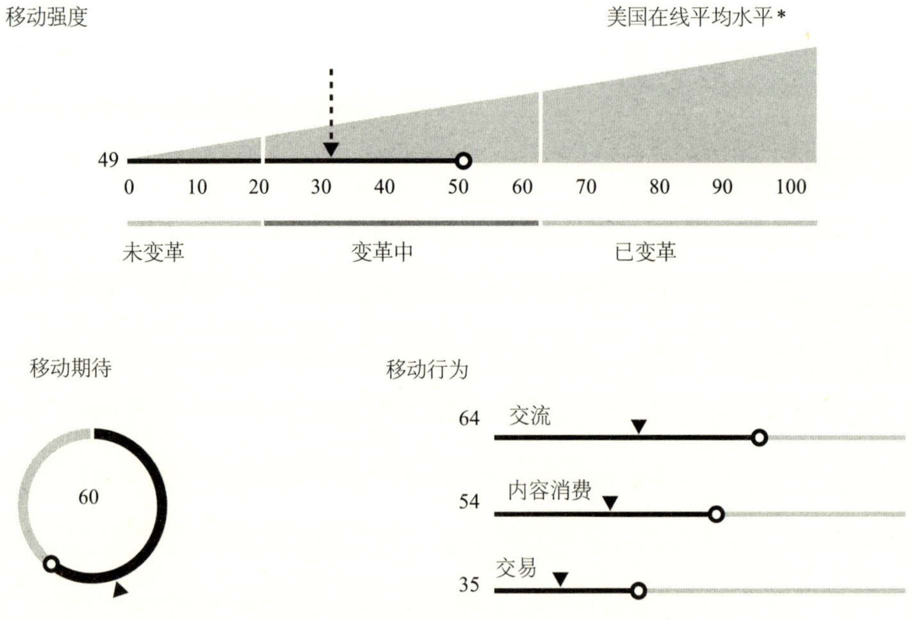

图 5–1 使用手机拍照的沃尔格林客户的移动思维变革指数

样本：在过去三个月内，曾在沃尔格林消费过（包括线上及线下），并且至少每周都会用手机拍摄照片或视频的 1 437 名美国在线成人（18 岁以上）
*样本：8 244 名美国在线成人（18 岁以上）
来源：2013 年第三季度美国移动思维变革在线调查

我们粗略浏览一下使用手机拍照的沃尔格林客户的移动思维变革指数，来看看洛尔格林为什么会成功（见图 5–1）。他们的移动期待得分是 60 分，远远高于美国在线成人的平均水平，而且他们在移动思维变革指数中的"内容消费"

和“交易”两项指标上得分也非常高。基于这些分析，再用我们在第四章提出的经验法则来判断，就不难看出：如果沃尔格林没能找到成功进入移动照片业务板块的办法的话，它就会错过一大片广阔而又诱人的商机。

移动改变了销售的方方面面

对大多数公司而言，移动销售不是你通过移动设备或应用卖出去了多少东西，而是创造一种导向新销售方式的移动时刻。移动将会改变你关于产品、销售地点以及定价方式的营销组合。

移动能够扩大销售范围

先看产品类别。如果你是直销商，你在网上销售的产品品种可能会比在实体店销售的更多，因为实体店必须要按照当地客群的偏好和货架空间来设置。但是移动弥合了实体店的有限空间和网络上巨大多样性之间的鸿沟——它天生就是面向本土的，但是又不局限于当地库存。这也经常会造成负责实体店销售和线上销售的员工之间的矛盾，需要你来解决。

移动能够增加销售的时间和地点

移动改变了人们能够影响交易的时刻，并且这种影响现在可以发生在任何地方。举例来说，在英国使用Autotrader.com移动应用的用户可以拍下一张汽车的照片，然后找到离他们最近的销售同一型号汽车的经销商。这就把街上看见一辆车的任一时刻都变成了汽车销售时刻。音乐识别软件Shazam能够让人们无论在哪儿都能用手机识别（并购买）音乐。亚马逊的移动应用能够让你拍下任何一本书的封面——可以在一个朋友家里，也可以在巴诺书店——随后进行识别和购买。

移动技术同样也能促进非传统形式的零售商店的销售，例如快闪店、街头市集、节假日庆典等。配合智能手机或平板电脑使用的Square，能够让人们在任意地点轻松下单。无论是停车场上的流动餐车还是机场里销售流感疫苗的护士站，你都可以用它来支付。

你也可以对商店进行虚拟扩张。在这方面最具吸引力的案例就是韩国的食品及日用品零售商乐购Homeplus。这家公司意识到人们在通勤时拥有大量空闲时间，而且他们想要利用这段时间来购物。所以公司在交通站点的墙上贴出了类似商店货架的图片，这些图片能让客户通过轻松扫描条码来选购他们想要的东西，包括饮料、食品及其他商品，生成一个购物清单，并且要求把货物快递到家。他们下车回到家里的时候，选购的商品差不多也同步送达。在2011年最初三个月的测试期内，该公司的线上销售激增了130%。到2012年2月，乐购Homeplus已经把它的虚拟商店扩展到了超过20个公交站点，它的应用下载量也达到了90万次，成为韩国排名第一的购物类移动应用。

移动能平衡不同渠道的定价

移动时刻对商业活动渗透力最强的改变可能就是通过定价。移动时刻能平衡售价。弗雷斯特调查研究显示，除了查看产品功能外，在商店里使用智能手机的消费者最喜欢做的事就是用手机去查价——先逛店后网购。所以很难在不同渠道设定不同的价格。

WTSO的杰米·阿金把顾客这方面的需求转化成了他的优势。“消费者需要建立一种相信自己买得最划算的信心，”他说，“我们就帮客户去做调研，然后把我们能找到的全部信息都提交给他们看。我们会给他们提供从前一天算起网上的最低价格——整个过程几乎完全透明。”

大型的在线商家也在不断施压，尤其是亚马逊。2011年，亚马逊进行了一项试验。如果一名消费者在其竞争对手的商店里使用了亚马逊的查价应用，亚马逊就会利用那个移动时刻降低高达5%的售价，来抓住或偷走那单生意。用这种办法，亚马逊让自己成为移动思维变革的一部分，并且也把自己安插到了竞争对手的销售过程中，抢走他们的移动销售时刻。

这种行为简直让零售商们抓狂，这就是全新的现实。你必须要跟上竞争对手的定价，或者能够提供独一无二的商品，再不然就是能够创造出支持你卖高价的任何其他价值。你的目标就是成为在这种日益激烈的竞争环境中，已经在执行每日比价策略的一家零售商。

对于忠诚客户，店里的移动设备能帮助提升销量

通过专注于如何帮助客户，WTSO和沃尔格林都在他们的移动战略中取得了成功。移动时刻最擅长的就是在某人有需要的时刻为其提供解决方案。而这个解决方案可能来自一个移动应用，它能同时让客户和服务客户的销售人员都获益。

这其实有点讽刺，因为零售商想到移动时刻的时候，最先想到的就是“先逛店后网购”。和一个零售商谈谈“先逛店后网购”的话题，你就会看到一张能

让你想起爱德华·蒙克的画作《呐喊》一样的面孔。但是最终结果却是，在店里会有更多（而不是更少）使用手机的消费者从你这里买东西。根据德勤数码的调查，在店里使用手机的消费者，其成交率会比不用手机的人高出14%，如果客户使用该零售商的应用，那么成交率还会飙升30%。哈！看看吧，先逛店后网购！

要具备这样的能力，你就必须能和客户联系上，实现这一步的关键就是顾客忠诚度计划。

有一个关于化妆品牌丝芙兰的例子。公司想要在店里推出个性化定制服务。如果一个店员能够回答出类似于“上次我在这里购买的润肤霜是哪一款？”这样的问题，那么对客户和销售员来说都会非常有用。问题是在客户还没准备结账的时候，上前搭话会显得有点冒失，可是一旦她们排队结账，再花时间与其交流可能又会影响到其他排队的人。

丝芙兰推出的顾客忠诚度计划——美妆行家（Beauty Insider），由于包含了客户的购买偏好、购买记录以及忠诚点数等信息，最终变成了它急需的重构店内互动的关键机制。

这其中的窍门就是：当客户来到店里的时候，要让其全部信息立即可获。丝芙兰通过将其美妆行家计划整合到它的移动应用和苹果Passbook之中，实现了这一点。结果就是：客户走近一家商店的时候，其所拥有的会员卡就会在手机屏幕上自动弹出，包括她在该会员计划中的层级和点数。这是第一个移动时刻，是为顾客而设计的。第二个移动时刻是通过丝芙兰的应用来实现的，它能列出顾客之前的购买记录及其愿望清单，为店员提供非常有用的信息。最后，当客户向店内销售人员出示其应用上的会员卡时，销售人员使用自己的移动销售终端就能轻松查看客户的账户历史信息，并且根据其以往购买偏好为其推荐适合搭配使用的产品。

顾客忠诚度计划对任何多触点客户策略而言都至关重要，因为它们能够帮助你识别客户——她的历史记录和购买偏好。“忠诚和互动真的非常重要，我们希望能够在一段时间内和客户建立起一种关系，并且希望客户能在我们的忠诚度计划中不断升级，”丝芙兰数字业务发展总监乔安娜·马库斯解释道，“到目前为止，已经有超过100万的丝芙兰客户注册使用了Passbook，而且80%的Passbook用户都是积极的美妆行家会员或消费常客。他们的消费次数是美妆行家一般会员的两倍。”与仅在店内购物的客户相比，她把通过移动设备登录的顾客描述为“实质上更具价值”。这就是移动影响下的商业价值所在。

忠诚度非常有助于重复购买——它能够让客户习惯性地重复消费上几美元或者几百美元。但是如果你的客户购买的是价值几千甚至几万美元的商品呢？当做出购买决策需要深思熟虑的时候，销售员手中的移动设备能给交易带来非常不同的结果。这就是采暖通风与空气调节（heating，ventilation，and air-conditioning，以下简称HVAC）设备制造商特灵公司的发现。

案例分析：特灵公司的销售伙伴如何使用平板电脑更快达成交易

销售空调系统并不容易，尤其是你要销售的是像特灵这样高价位、高端产品线上的产品。

按照湖滨暖通空调特灵独立经销商的创始人唐娜·塞尔夫自己的说法，她所面临的情况就是这样：一般当空调出现问题的时候（系统失灵或温度升高），客户通常会要求做一个HAVC评估。HVAC销售人员上门时，迎接他的会是一个惊惶的家庭主妇，当看到销售人员带着一个装满了HVAC产品资料文件夹的拉杆箱出现的时候，她脸上的担忧就更明显了。销售员绕着房子勘察，爬上阁楼，再回到卡车上，花45分钟做出一个报价，草草做些标注，然后再回到屋里交给客户一张背面写上了估价的名片（那价格可能都够买一辆二手丰田车了），告诉客户："我可以在几天之内给您提供一些更详细的信息。"

这样的销售情景，再加上面临的经济衰退，交易成功率通常都只有30%。像唐娜那样聪明一点的经销商创造了书面销售计划（更多的文件夹），但那样做工作量很大——就像唐娜自己说的，她感觉工作成效就像是"一小时一毛钱"。那是什么影响了成交呢？

首先，在那个销售情景中，有一种信息的不对称。HVAC的一线销售人员对于空调系统的了解要远远多于客户。由于这些系统都又贵又复杂，所以它们都很难售出。其次，因为像特灵这样的公司需要依赖一个全美范围内的独立经销商网络来实现销售，他们之间并没有统一的一套销售流程。特灵可以主导销售流程，但它无法控制每次互动的质量。

特灵知道必须要改善它的销售情况。它的销售队伍找到了布鲁斯·坦西，一个拥有超过40年解决此类问题经验的技术主管。通过他的数字体验设计机构Cynergy（现已并入毕马威），坦西是这样来解决这个问题的。

他识别出了正确的移动时刻，包括对房屋的调查已经完成，现在需要给客户汇报结果。来自特灵和Cynergy的工作人员，跟着唐娜的HVAC一线服务人员一起来到现场。他们拉着拉杆箱，带着文件夹，在阁楼里爬上爬下，观察不安的客户和唐娜的服务团队之间的互动，辨别出客户以及销售人员未被满足的需求。

然后他们开始设计一个能够装备到每个销售人员和服务人员的工具，让他们记录下关于客户和环境地点的信息，进行产品价值沟通，提供出色的客户体验，并且能够给客户带来信心——他们正在和特灵一起做出最明智的决策。他们给销售和服务团队提供了一个用于iPad的应用程序，来取代装满了各种文件夹的拉杆箱。通过使用检查清单和负载计算器，服务人员当场就能给客户做出更准确、全面的组合报价。他们还能使用iPad上的相关工具和视频为客户直观演示系统是如何运作的，并且提出不同价位和质量水平的其他选择。这让现场签单变得容易多了——一个漂亮的iPad应用远比写在名片背面的估价要可信得多。唐娜对这个iPad应用程序的第一印象就是：它能让销售过程变得更容易，也更有秩序。“可以让我们看上去显得更专业，信息可即时获取，这给了我们更多时间来准备安装工作。”

但是特灵的改变并没有就此止步。它完全重构了一个更好的销售体验。它让现场工作人员穿上了印有特灵标志的整洁的红衬衫；它在平板电脑上加入了检查清单来收集对安装有用的信息，例如“别让狗跑进后院”；它组建了一个包括全美各地的大批经销商在内的跨职能管理团队，重新设计了企业内部系统；在其年度销售活动上，它还对市场营销和培训大笔投入，以此鼓励对新工具的兴趣和采纳，因为改变，即使是积极的改变，对人们来说也总是很难接受。

最后，特灵对其移动应用的成功进行了数据分析。iPad应用对特灵公司及其分销商的盈亏账目都产生了即刻的影响。使用特灵iPad应用的人，成交率从35%上升到了65%。分销商的收益增长了22%，利润占比也从2%上涨到了

3%。新工具让特灵的现场销售人员更加游刃有余，并且还带来了另一项额外的收益——通过演示附加功能，那些销售人员如今能够推销出更多产品，或者增加每单交易的账面价格，其每单交易中的产品组合增长了16%。其中的原因，就像布鲁斯·坦西所言："这样能实现的匹配度肯定更高——使用合适的设备有针对性地为家庭解决问题。这绝对提升了营销的精准性。"

唐娜这类的经销商非常喜欢这个应用，因为她的员工总是在忙个不停——现在他们在销售的同时也能给予评估了。就像唐娜说的："这是一个万无一失的工具，使用它能够把一个普通的销售人员提升到独立进行组织协调的更高层级上。"

移动工具尤其对大宗商品的销售有益

销售互动是整个销售环节的关键一环，而移动工具能够让它变得更高效。为了改善销售流程，特灵和Cynergy遵循了IDEA循环——他们识别出了移动销售时刻，了解了该时刻发生的事情并以此为基础设计了工具，重构了他们和独立销售团队之间的关系及业务流程，而且针对结果进行了分析。最后这一切都得到了回报。

通过在需要的时候提供实时的最新信息，移动应用能让人人都变得更聪明。销售人员有了它，给客户解释复杂的信息就变得容易多了，这也让客户的购买过程变得更舒服。这就是特灵所做的事。同样类型的应用正在让销售人员变得像奔驰经销商或耐克专卖店里的销售员那样，更加擅长沟通。一个拥有平板电脑设备的销售员可以随时知道库存信息，为客户演示最适合他的服务，并且让复杂的销售过程变得更可控。

用移动信息来增强销售人员的实力，在B2B销售领域效果更为显著。企业通常会比一般消费者购买更多复杂的产品。就像我们看到特灵在做的，移动设备能帮助销售人员掌握复杂的产品供应，更深入地了解目标客户，并且知道应该在什么时候跟进。甲骨文欧洲公司的销售员使用了一个名叫“Qstream”的公司开发的移动工具，来协助其向商业客户销售复杂的软件方案。一家名叫“Summit Media”的数字营销公司使用ClearSlide Outside提供的移动工具来管理销售人员给客户的提案。这方面的活动我们参与过很多，因为B2B销售天生就适合在移动设备上进行。

这其中的核心洞察是：消除销售互动中的阻力，你就会加快成交的进程。供客户使用的移动应用程序和销售人员使用的版本有很大区别，但是它们都有一个共同的目标——为客户提供实时选择，并且消除销售过程中的阻力。移动应用还能让平时并不负责销售的人，例如卖场服务人员，能够完成一个毫不费力的追加销售。（在第十一章，你将会看到这一点在Dish Network公司是如何发挥作用的。）

和我们的许多客户一样，在阅读本章前，你也许认为移动应用是为电子商务服务的，移动设备会打击零售商，移动销售应用主要针对的是客户。但在读完上文所举的事例后，你会意识到，移动在影响力上，而不仅仅在销售方面表现卓著；移动外加客户忠诚度应用可以形成极好的店内结合；销售人员手中的移动销售应用可以改善销售体验。如果你想利用移动实现更多销售，那这些洞见一定会帮到你。

当然，不是每个公司都直接面向顾客销售。但是差不多每个公司都需要做营销。传统的市场营销方式——高叫着求关注并且触及客户，在我们都能在口袋里接入互联网的时代，已经变得越来越不重要。取而代之的是，营销将取决于能够为客户提供的效用。这是我们在下一章要讨论的话题。

THE MOBILE

M I N D S H I F T

第六章 营销变革

——把握移动时刻以赢得和维系客户

营销人都有这样的梦想：消费者频繁地与你的品牌互动，一些消费者甚至每天都会与它互动，并且这些互动关系在多数情况下是积极的，是能够增加品牌价值的。那么，作为该品牌的数字营销负责人，你就拥有大把赌注。找一个合适途径提升品牌价值，你将成为赢家。相反，如果抵触、纠结或过度营销，你将会失去消费者，并逐渐磨损品牌价值。

这是亚历山德拉·惠勒在星巴克工作时遇见的情况。星巴克是一个具有代表性的连锁品牌，拥有良好的品牌形象，在世界各地有几万家零售店。作为星巴克全球数字营销部的副总经理，亚历山德拉全面负责星巴克移动客户端的客户体验，当然包括移动营销。她于2007年入职星巴克，致力于将数字世界和现实生活联系起来。同年，在亚历山德拉的努力下，星巴克在iPhone上创立移动应用程序，开启了星巴克的移动互动之旅。

星巴克进军移动时刻，有其先天优势。如果你在工作日的早上7:30到

9:30之间站在旧金山的某家星巴克店里，你会看到一长队白领正盯着他们的手机读取信息。这些人有的在收发邮件，有的在看Facebook。这些移动时刻都属于星巴克。

“移动电话也许是消费者拥有的最具革命性的设备，带给了他们前所未有的体验。它就像你的一个附属品，时时刻刻都在你身边。”亚历山德拉说。她知道消费者对星巴克移动体验的需求很高，这不仅仅是由于星巴克品牌自身的影响力，也是因为顾客们已经在星巴克店里享受到了Wi-Fi和其他设备提供的移动体验。星巴克如何才能满足消费者的移动体验需求呢？

在线支付是重要途径。2009年，公司开始鼓励消费者到网上注册星级体验卡。通过星巴克移动应用程序，消费者能够直接使用或重新下载体验卡。截止到2011年，星巴克6 800家美国零售店实现手机在线支付，并通过移动广告提升了消费者手机客户端支付意识。“这种支付应用非常神奇！它完全改变了交易体验。”在支付完成时，手机屏幕会显示标志消费积分的星星掉入星巴克杯子，消费者因此获得购买星巴克的快感。

这一手机支付应用远远超出了星巴克移动程序的基本功能。星巴克和苹果iTunes建立了长期的商业联系。最开始，星巴克每周提供一首免费歌曲。现在，它会将音乐、电影、手机应用的兑换码发送到消费者的应用程序注册邮箱。星巴克和iTunes之间实现了无缝连接，特别是当消费者在店里通过Wi-Fi下载新的媒体软件的时候，这种体验更加明显。

星巴克将支付和网络内容相联系。它用每周最佳歌曲、视频等内容来奖励使用手机客户端支付的消费者。这些内容与品牌紧密结合，始终将音乐囊括到星巴克的移动体验中。消费者对此也做出了积极的回应。仅2013年，网上互动数量就从 1 月份的每周 200 万次增至 6 月份的每周 400 万次，活跃用户高达 1 000 万。现在每十个订单中就有一个通过手机支付完成。[1] 星巴克也是最早使用 MMS 消息应用的企业，将独家内容、即时信息推送给同意接受信息的消费者。

应用程序、消息推送以及星巴克其他数字项目都旨在达到一个目的——洞察消费者并了解他们的需求，这也是在数字化时代最难以完成的任务。星巴克关注每一个店面每一天的每一笔移动交易，记录消费者更新支付卡和应用程序的频率。它能知晓谁在换购每周精选，并评选出消费者参与互动最多的精选内容。星巴克将这些信息与电子邮件及社交媒体监控相结合，现已成为全球最具有连接性的品牌。

这也是营销?

典型的市场营销方式包括外向型广告、邮件等，需要不断重复宣传以增强营销效果。但这些营销方式多数未能创造出一种与消费者之间更为亲密的关系。要提升用户体验，很难说谁对谁错，只要积极去做，就能有所收获。相反，如果不去做，便很难达到期望的效果。亚历山德拉这样描述她的客户哲学:“重在关系，而非营销。我们的品牌关注的就是与消费者的互动时刻，这也是品牌的核心。”多亏了移动客户端，星巴克能够获得用户的反馈信息并营造与消费者的互动时刻。这让营销变得简单易懂。

三种营销人可以把握的移动时刻

星巴克拥有许多能够与消费者发生互动的潜在时刻（见图 6–1）。也许你可以使用类似星巴克这种建立在经验基础上的即时营销方式。但也许这种营销

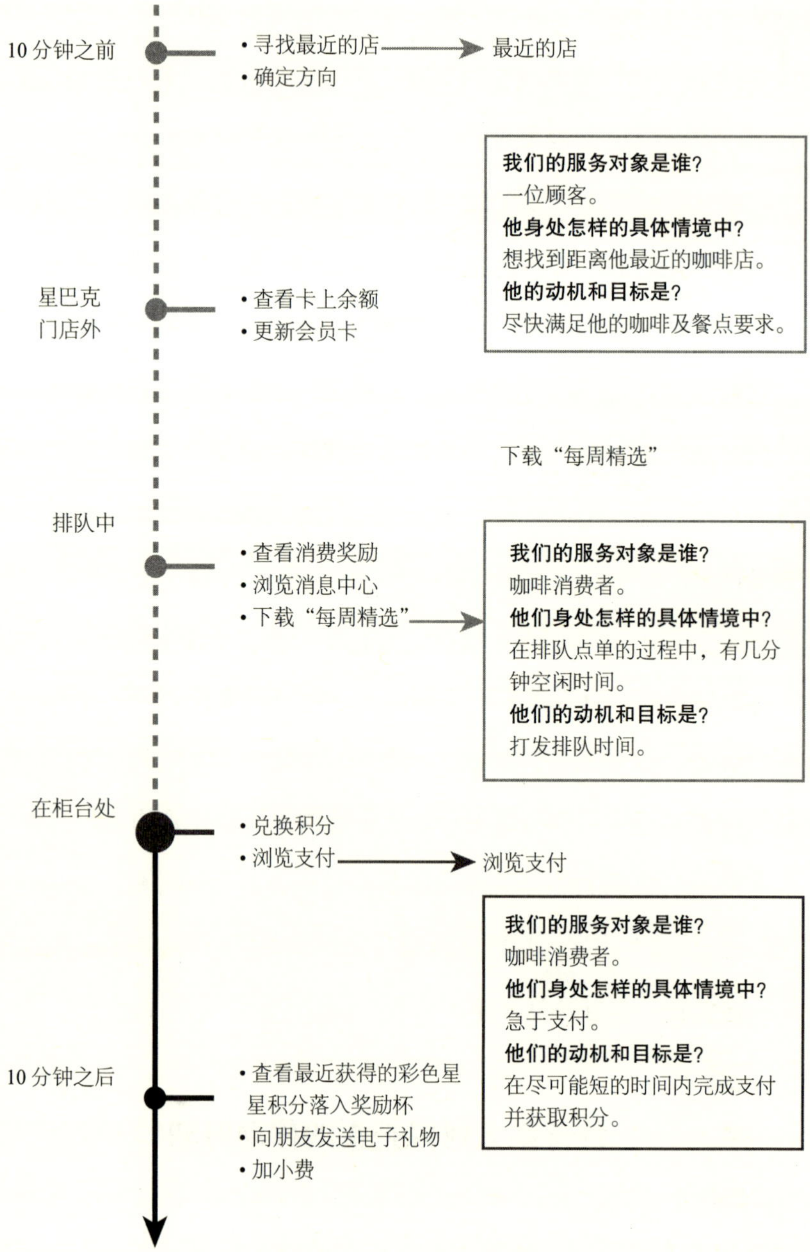

图6–1 在星巴克的消费过程中绘制移动时刻

方式并不适合你的公司。这都取决于品牌与消费者的互动程度。营销人必须区别不同类型的移动时刻，才能取得成功。

在我们回顾移动营销项目的时候，我们将移动时刻分为三类：忠诚时刻（loyalty moments）、制造时刻（manufactured moments）和借来时刻（borrowed moments）。每一个时刻都有其适用的品牌和消费者的关系。[2]

忠诚时刻适用于那些已经与消费者建立联系的品牌。在这种时刻里，消费者从他们的移动设备上关注品牌，而品牌也因此获得与消费者加强联系的机会。星巴克已经拥有大量的忠诚时刻，就像排长队时柜台前常见的景象——人们一边使用智能手机看信息，一边等待他们的超大杯脱脂拿铁。金融机构、零售店和旅游公司，与它们的客户有直接关系，它们有大量潜在的忠诚时刻，在这些时刻公司可以通过提供有实质内容的服务项目而赢得消费者好感，也可能因为营销不当而让消费者失望。

如果你的品牌不具备营造忠诚时刻的条件，那么找适当机会创造一些。我们称之为制造时刻。制造时刻在公司努力为客户解决问题的过程中产生。如果你的品牌能够帮助消费者解决各类问题，如露营保暖、去除污渍、更快做好晚饭等，那么借助移动设备，品牌可以创造机会就这些问题与消费者进行互动交流。《"你"的效用：为什么明智的营销在于帮助受众而非大肆宣传》（*Youtility: Why Smart Marketing Is about Help not Hype*）一书的作者杰伊·贝尔这样描述制造时刻的功用：营销是如此有效，人们愿意为此付费。[3]欧莱雅的伊莎贝尔·桑坎进一步阐述道："你需要理解这不再是单纯的数字化营销，而是一种参与。"即使你不能提供有效的帮助，也可以通过其他方式参与进来，如提供一些娱乐项目。我们将在本章的后半部分进一步阐释这些策略，帮助公司制造此类移动时刻。

要掌控忠诚时刻和制造时刻并非易事，但这两种时刻都能够建立消费者与品牌的良性互动，从而让企业获得持续的回报。也许你还没有准备好营造这两种移动时刻的资金。或者你所在的地方，如欧洲或者亚洲，那里的消费者并没有下载品牌手机应用的意愿。在这种情况下，你需要考虑第三种时刻：借来时刻。

借来时刻是属于第三方的。这种营销方式的前提是该品牌的消费者已在使用社交媒体，如Facebook、Twitter或微信，也可能已在使用如《纽约时报》应用等媒体性质的移动应用。你可以付费参与到这些平台中并创建移动时刻。或者，如果你不想付费，也可以寻找到参与这种时刻的方式：通过在第三方应用上提供内容、游戏和服务等方式，与消费者互动。这样很容易达到与忠诚时刻和制造时刻相同的效果。这也是很多营销人认可的营销方式。当然，借来时刻的挑战是它缺乏让消费者持续关注的力量，需要公司不停地投入和宣传才能吸引消费者的眼球。

下面，我们将详细介绍这三种移动时刻，及其各自长处和短处。

最大化利用忠诚时刻

弗雷斯特研究公司2012年推出由哈利·曼宁和凯瑞·保丁合著的《由外而内》（*Outside In*）一书，书中写道，对公司来说，至关重要的一点是其提供的服务体验的质量。如果公司提供的服务体验质量高，那么销量就会上升，成本会下降，顾客的忠诚度也会提高。[4]提供高质量的服务体验听上去轻而易举，实际实施起来却困难重重。

如果你的公司已经建立起与消费者的互动关系，并且这种互动关系中包含直接互动，那么提升这种服务体验对你来说至关重要。你的消费者已经开始使用移动设备，或即将开始使用移动设备来拓展互动关系，这取决于客户群的移动思维变革指数。如果能消除阻力，提供高品质服务，有效解决问题，那么你就能拓展品牌忠诚度并创建一个属于自己的新平台。其挑战在于，提升这种体验花费不菲，因为它要求你重新设计并建立与公司核心系统的连接。

我们可以来研究一下汽车协会联合服务银行的案例。汽车协会联合服务银行是一个为1 000万美国军人及其家庭提供金融服务的机构。它连续多年在弗雷斯特客户体验指数中位居前列，这说明该公司拥有良好的用户体验。但这种用户体验怎样移植到移动设备中呢？

想想看，汽车协会联合服务银行的客户可能是一个离家7 500英里的阿富汗驻地的美国军人，长期处于敌对势力的威胁之下。而这个军人家庭依靠他赚取的每一分钱过活。将他的钱放在妥善的地方并安全送达他的家人手中，就如同雪中送炭，否则，就是雪上加霜。

汽车协会联合服务银行新兴渠道业务副总经理内夫·赫德森发现，像在阿富汗这样的海外驻地，移动设备能解决很多网络不能解决的问题，它创建了一种能够在移动时刻使用的可靠的连接。“我们将网店分解到每个基本交易中——存储、保险和投资。管理一个汽车协会联合服务银行账号大约要完成30项业务，它把这30项业务都植入到了他们的移动网络上。”

开发移动功能迅速成为汽车协会联合服务银行提升客户体验的核心方式。内夫说：“移动设备消除了其他渠道的要求。我们较早认识到了移动客户端对交易的重要性。手机是我们的核心。它是人们开启汽车协会联合服务银行体验的端口。回头看世界上最好的会员服务体验时，我们发现自己已经到达一个完全不同的境界。”

汽车协会联合服务银行是第一家提供“远程资产存储”（接受手机拍摄支票并存储）功能的美国银行。正如内夫所言，“移动正在推动公司交易的彻底转型”。在2013年，会员通过手机存款的金额接近100亿美元。如果不开通移动存款业务，这些钱可能会被存入当地其他银行或ATM（自动柜员机）中。

这些移动功能让汽车协会联合服务银行有更多机会来取悦消费者，寻找到新的赢利方式，为消费者提供更好的服务。消费者能够从手机上获取银行的服务越多，他就越不想再去其他的银行办理业务。

忠诚时刻的一大魅力在于让追寻忠诚时刻的公司能物有所值。波音公司雇员信贷协会信用卡中心发现，用户在使用远程存储业务后，存款增长了15%。美国联合航空公司通过移动手机获得副业收益（超出常规的机票费用外的产品和服务）2 000万美元，占其副业收益总数的1%。在中国，零售商家乐福在对消费者位置定位和购买意愿预测的基础上，向店内消费者推送5~7条店内信息，而15%的消费者会点击查看。如果你的目标是营造忠诚时刻，那么确保你的公司遵循相关业务准则，由此可以看到你的移动应用是如何为公司带来收益的。

还有谁是忠诚时刻的受益者

澳大利亚的费尔法克斯媒体公司，也就是《悉尼先驱晨报》的东家，充分利用了忠诚时刻。公司的移动执行总经理斯特凡·萨瓦将每一个与读者共享的空间最大化。2013年，他在与我们交谈时预言说，2014年公司的移动受众将会超过网络受众。他非常清楚移动用户的需求。在清晨，费尔法克斯媒体公司的应用程序主要提供实用的新闻简讯，如金融信息和交通信息。在傍晚这段被斯特凡称为“个人时光”的时段里，手机应用会提供生活小窍门、娱乐和体育新闻。晚上提供的信息更具娱乐性。正如斯特凡所言：“我们提供的信息越贴近人们的生活，我们就越能获得更多机会将品牌植入人们的日常生活中。”费尔法克斯媒体公司正在探寻推送信息的新方法——根据读者位置进一步推送个性化的信息和广告。随着人们越来越多地从移动设备上消费媒体信息，媒体公司也必须将他们的注意力转移到相关移动应用的开发中。《悉尼先驱晨报》将战略重点锁定在加强读者忠诚度上，并逐渐成为移动时刻里的赢家。

在问题时刻能否创造忠诚时刻呢？答案是肯定的。美国运通的帕斯卡莱·胡茨负责为公司的信贷业务和诈骗管理制定全球性战略。帕斯卡莱认为：“欺诈是消费者获得真相的时刻。他们期待我们在处理欺诈行为的过程中，为他们注入更踏实的安全感和信心，也就是‘公司会为消费者负责’。”可能存在欺诈行为的交易一经察觉，公司将通过其创建的全天候自动服务系统给消费者打电话并告诉他们实情。消费者接听后，公司会向他发送文本信息，消费者可据此了解相关收费标准，并通过手机按键选择接受或者拒绝收费服务。这种功能也只能通过移动设备实现。美国运通公司90%的消费者在使用此项功能后都会给出四星或五星的高度评价。

甚至在一些损失惨重的时刻也可以通过开发移动时刻转败为胜。对航空公司来说，最糟糕的日子莫过于那些“非常规运营日”，如雷电或是其他干扰造成的航班紊乱。在美国联合航空公司，工作人员每天管理着数千万条移动信息，这些信息每分钟都可能发生变化，特别是在这些可怕的“非常规运营时段”。想象一下，一位乘客在芝加哥奥黑尔国际机场从B20登机口跑到C1登机口，其间他拥有的唯一设备就是手机。根据人类行为学研究，联合航空公司了解到乘客对手机应用程序的需求，包括所有的操作键都能由大拇指完成，因为乘客还要腾出一只手拉行李箱。因此，必须确保重新预订之前因故取消的航班只需两步，为那些身心俱疲的旅行者提供一丝安慰。这需要强大的后台系统来重新设计应用程序。“消费者感觉他们更有操控能力”，美国联合航空公司电子商务和营销部副总经理斯科特 · 威尔逊说，“随着移动应用程序的普遍使用，我们的自助服务使用人数实现了跳跃式增长。”在第 25 版应用程序发布后，每两个月就会有 600 万客户登录到移动客户端办理业务，20% 的国内航班登机牌通过手机移动设备办理。

在移动观念转变的世界中，能否创建良好的移动用户体验将决定消费者是愿意继续选择你的产品还是投靠到竞争者那里。你已经拥有这种时刻。如果你想增强客户忠诚度，那就快点实践。

案例分析：高乐氏在去污过程中制造移动时刻

与之前提及的美国汽车协会联合服务银行、美国联合航空公司和星巴克不同，高乐氏与其多数消费者没有直接联系。消费者每周在洗衣服或是要去除在足球场上沾到的污渍的时候，都会想到使用高乐氏产品。他们信任高乐氏品牌，却不会积极参与到品牌互动中。

高乐氏数字和内容部主管阿曼达 · 马汉知道这些污渍时刻并不属于公司。为了赢得这些时刻，她需要制造一种理由，让人们与高乐氏品牌互动。当了解到数万人通过手机查询“污渍”一词的时候，阿曼达认为高乐氏可以在这些时刻找到与消费者建立联系的方式。大学生将番茄汁喷到他朋友的短裤上，或者候选人在接受采访前发现他衣服上有汗渍，这些时刻，都需要高乐氏的参与。

阿曼达的起点并不高，最开始创建的iPhone应用程序myStain，启动资金不足4万美元。她通过手机广告和杂志来推广这一应用。在应用程序获得发展动力后，团队将这一手机应用推广到安卓系统中，并将它翻译成西班牙语。在与汰渍的Stain Brain应用竞争的过程中，myStain还在不断增加内容和功能。现在，如果使用者问“洗衣博士”（Dr. Laundry）一个具体问题，就能得到有针对性的回答，如该怎样清洗感恩节时溅上的蔓越莓汁和肉酱汁等。截至目前，高乐士大约每年花费5万美元来更新这一手机应用程序。

超过20万消费者下载了myStain。媒体报道和人们的口碑相传产生了数千万的评论。研究表明，消费者认为高乐氏这个百年历史品牌“时尚又有趣”。一半以上的手机应用使用者在社交网络上分享了他们的使用体验。

这些移动时刻之所以能够存在，是因为高乐氏制造了它们。通过解决消费者的问题，在移动时刻中将高乐士品牌和消费者联系起来。

如何制造移动时刻并制造影响

你的客户并非每天接触你公司的产品。那么你就有理由缺席移动应用吗？你应该从外向内思考——想一想你的客户会遇到什么问题。在高乐氏的案例中，消费者遇到的难题并非跟洗衣有关，而是跟带有污渍的衣服相关。高乐氏以此为切入点，制造了一个全新的移动时刻：污渍时刻。什么样的移动时刻是我们可以制造的？在什么情境下我们能够利用这些时刻来提供更好的服务？

在这一部分，我们将会描述一些创新型营销者通过为消费者提供实用性服务，赢得消费者移动时刻的案例。正如杰伊·贝尔告诉我们的，“较好的营销方式是让自己的品牌有实用价值。这样人们就会像对待朋友一样对待你的品牌。我们必须要保持自身品牌的实用性”。

为什么一定要表现出实用价值？

首先，在一个广告和媒体资源繁盛的时代，实用性是让品牌永葆青春的法宝。广告造价昂贵，影响力会随着时间推进不断减弱。而实用性会为品牌赢得支持者，能够在消费者中形成口碑。为什么不让消费者扩散公司品牌影响力呢？耐克公司的斯特凡·奥兰德在其著作《速率》（*Velocity*）中预言：“随着广告的不断发展，它不再是罐装信息，而是为具体问题提供实用的解决方案。广告也不再是空洞的说服，而是不断提供能够满足具体需求的服务和互动。广告不单单是满足渴望，更是要在消费者之间实现口碑相传。”

其次，由于移动应用中的广告是长久存在的，你可以不断地加固。高乐氏就在不断更新myStain应用程序。你不需要每年都从头开始，你可以在已有价值上不断提升。创建一款应用程序相对廉价（至少与媒体广告相比，最初创建myStain应用程序的花费少于一个黄金时间段的电视广告），所以你可以从小处着手，不断发展自己的应用程序。

最后，也许是最重要的，你需要与消费者建立联系，这种联系之前并不存在。星巴克已经拥有很多客户的电子邮箱，汽车协会联合服务银行了解它客户的一切基本信息。但高乐士在创建手机应用程序之前，与消费者没有任何联系。高乐氏公司如今正在利用与消费者的联系，甚至高乐氏的研发团队都想知道现在应用程序的使用者都在搜索什么样的污渍，下一步该研发哪一种产品。

让我们一起了解一下，那些风格迥异的公司是如何通过大格局思考，为消费者解决问题来制造移动时刻的。

哥伦比亚户外运动品牌拓展人员杰伊·克尔意识到，他的客户对户外服装的应用程序不会感兴趣。他们更关注的问题是户外生存。因此，杰伊·克尔想出了一个应对方法：创建一款应用程序，就叫“What Knot To Do”（教你打绳结）。为了服务哥伦比亚户外运动品牌的消费者，这款应用程序要在没有手机信号的情况下使用，比如在高山山顶上。下载量达到50万后，该公司就掌握了露营者、徒步旅行者和皮艇爱好者必备工具和绳结的信息。只需品牌拓展人员的一点时间和一些公共关系，就可以制造这种户外时刻。

还有一个制造移动交互时刻的典型例子。当你开车路过一家卡卡圈坊，看到“Hot Light”（热光）形状的霓虹灯在闪烁，这说明油炸甜甜圈刚刚出炉。卡卡圈坊的顾客看到“Hot Light”亮起后都会不由自主地咽口水。但你要是离得很远，根本看不见灯光呢？下载手机应用程序吧。在巴克利整合营销机构的帮助下，卡卡圈坊开发了一个应用程序，让消费者在手机上就能看到表示油炸甜甜圈已做好的“Hot Light”灯光闪烁。如果你下载了这款应用程序，并恰巧走进新泽西科林斯伍德的一家实体店，你就会收到推送短信。现在这款“Hot Light”应用的服务范围已达数英里之外。卡卡圈坊的营销总监杜恩·钱伯斯已经不再购买传统媒体宣传手段。他说：“我们不能把一个品牌看得太过简单，也不能把它经营得太过复杂。”该应用程序的下载量超过了45万，店面的销量也实现了两位数的增长，“Hot Light”应用程序显示出了其价值。

并非只有甜甜圈和服装品牌能够通过手机应用程序制造移动时刻。移动时刻也能在B2B环境中发挥作用。思科是一家科技巨头，销售路由器、服务器、交换机和云管理套件。思科拥有移动时刻，在这些时刻可以通过一整套应用程序让流动性很强的技术人员远程管理公司产品。有的应用程序能够把网络设备的数据表转化为3D影像，从而让网络工程师配置服务器堆栈。但思科最受大众欢迎的移动应用程序是思科二进制游戏——一款能够帮助你学习和操作二进制系统的应用程序。这款应用程序的下载量达数百万，相比那些网络奇才的人数，这可真是个大数目。对于工程师来说，这些应用程序更像娱乐——而这种娱乐时刻也是制造时刻。

如果你的公司旗下有很多品牌，那该怎么办呢？会因为无法管理这些移动应用而失控吗？

这是雀巢全球数字和社会化媒体总监佩特·布莱克肖面临的难题。他在瑞士的工厂是雀巢公司数码促进小组的神经中枢。截至2012年，雀巢在全球大约有100个应用程序，这些应用程序归属于不同的品牌，拥有独立的预算和当地的代理合作伙伴。如佩特所言："移动属于服务层，能够给产品做包装。它是结缔组织。"但移动应用程序是质量和价值的结合。佩特开始着手规范雀巢应用程序的元素，列举分公司创建的现有移动服务的详细目录。现在他开始寻找并推广最佳实践案例。佩特将本土品牌的优质服务带回总部，并将它们推广到雀巢全球范围的移动应用和其他数字化产品的技术中。公司规范了应用程序包装元素，如QR码（二维条码的一种），以求能够快速下载和启动。而佩特手下的员工通过创建培训、入门套件和资源来支持品牌。雀巢移动应用程序的一些元素都得到进一步统筹，如内容管理系统和分析系统，而本土代理负责应用程序的开发和执行（我们将在本书第十二章进一步介绍大公司应如何更好地管理手机应用）。

以营销为目的而制造移动时刻比营造忠诚时刻的花费要少得多，因为你是从头开始做，不需要将它们跟昂贵的操作系统绑定。但如果你要建立这样的应用程序，那一定要快点着手。分门别类的客户问题占据了应用程序的所有时间。你开启第一版的应用服务的时候，你的竞争者可能都已经提供第三版了。

在所有的应用程序大规模涌向客户之前，我们要清楚地意识到在世界许多地方，移动应用程序并不像在美国一样流行。在欧洲，移动商品过剩和漫游费降低了移动强度；在中国，城市间的联系分散且缓慢。这些地方，应用程序的下载并不像在美国那样普遍（或许在你读到这本书时情况已经发生了改变）。适合忠诚时刻和制造时刻的应用程序或许不是营销人员的首选——考虑到公司具体情况，也可能不是你的公司的首选。这种情况下，你可以考虑选择借来时刻。

案例分析：可口可乐中国公司的借来时刻

中国是一个神奇的市场。广告在中国的发展史远没有像在欧洲这么长。中国市场的一个重要特征就是饥渴的消费者和激烈的市场竞争。企业需要找到让自己脱颖而出的方式。这正是可口可乐中国公司负责整合营销与传播的高级总监斯蒂芬·德拉蒙德所面临的问题。

斯蒂芬需要向消费者灌输品牌观念，促进炎热夏日时节可口可乐汽水的销售。公司也希望能够融入中国文化当中。

可口可乐中国团队决定采用在澳大利亚举办的“分享可口可乐”活动的营销方式，具体活动内容是在可口可乐的瓶身上印上个性化的名字。当然这些名字根据中国具体文化环境进行了改写。

可口可乐通过让消费者为自己的数字动画人物选择昵称来实现本土化。他们选择了60多个不同的昵称，贴到容量为500毫升和600毫升的饮料瓶上。为了产生共鸣，可口可乐公司将印有意见领袖和名流姓名的定制化饮料寄到了他们各自手中。

这类活动在中国社交媒体上引发热潮，包括在一些名人粉丝数达千万的社交网络，如微博、人人和微信上。可口可乐公司通过每一个可乐瓶去创造故事，并通过定期发放可乐瓶的方式来激发社会化媒体讨论。正如斯蒂芬观察到的，这是“最好的大众市场营销方案”。

这次营销活动为之后的营销奠定了基础。在这种瓶子营销和公司电视广告活动大规模开展之前，可口可乐和其社会宣传项目能产生40亿社会化媒体印象。而从2013年夏天开始，瓶装可口可乐的销售量增长了20%。

可口可乐将营销活动进一步升级：允许消费者从全国40台特制自动售货机上印刻他们的姓名，这又引发了第二次购买热潮，进一步将中国人礼尚往来的文化融入营销中。

如果你要借用移动时刻，那么回想一下可口可乐是怎么做的。首先发明人们想要分享的产品，然后将这个产品融入当地文化，从而获得较大的用户反馈，并让消费者乐于分享他们的感受。

巧妙运用借来时刻

没有忠诚时刻？又缺少时间和资源来制造这种时刻？那就借用一个这样的时刻吧。根据监测，少数流行的移动应用程序在单位时间内吸进了绝大多数用户的关注。在任何一个国家，一些社会化媒体提供商能够将你公司的产品送达绝大多数目标消费者手中。在美国，可以到Facebook或Twitter上挖掘可以借用的移动时刻。在韩国，根据移动数据分析公司Mobidia的统计，KakaoTalk用户每周会在这一应用程序上花费至少200分钟的时间。日本的Line手机客户端用户和中国的微信用户每周花费在各自应用程序上的时间接近100分钟。[5]任何一个品牌获得同样长时间关注度的概率，比赢得超级大乐透的概率还小。

在这种市场环境中，更有效的方式是利用这些平台，而非自己建立一款新的应用程序。中国目前有近5亿个智能手机，但多数使用的是较慢的2G网络，因此人们多在商场、饭店或是自己家里连接Wi-Fi。正如我们在第四章所述，中国城市消费者的移动思维变革指数中，移动强度得分较低，交流、内容消费、交易方面得分相对较高（见图6–2）。如安索帕中国区首席执行官林真所说："我们通常不建议客户建立自己的手机应用程序。品牌往往将自己困于如何让消费者关注自己经营的应用程序，而我认为品牌应该主动走向消费者聚集的应用。"因此，中国更多的公司选择在微信等第三方平台上借用时刻。甚至你可以学习一些中国品牌，将公司广告植入到如天气预报、出租车服务这种移动应用中。无论你怎么借用时刻，你都需要将有实用价值的信息传播出去，如发放优惠券或是可口可乐个性化的瓶身设计。

当然，最简单的借用移动时刻的方式是在第三方平台上投放广告。只需三个步骤即可完成：找到拥有广泛受众基础的第三方应用或平台，付费搜索，购买广告。

你可以花钱在第三方应用上借用移动时刻，但这样做的灵活性有限，因为这些第三方平台都要保护整体用户体验。Lyft是一个总部设在旧金山的拼车服务手机应用程序，它主要是通过Facebook来下载应用程序和服务。印度工业信贷投资银行允许客户在Facebook上办理存储业务。无论你如何挖掘这些第三方平台，想要成功就必须向消费者提供有实用价值的服务，比如优惠券或其他服务，这样才能吸引消费者并推动点击率。

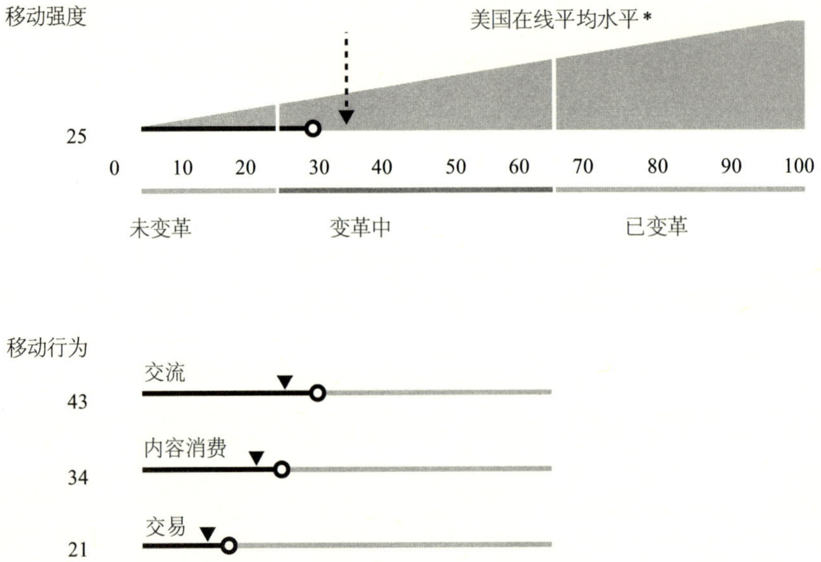

图 6–2　中国城市移动思维变革指数

样本：2 500 名中国在线成人（18 岁以上）
*样本：8 244 名美国在线成人（18 岁以上）
来源：2013 年亚洲太平洋地区科技消费在线基准调查和 2013 年第三季度美国移动思维变革在线调查
注释："城市"一词指调查范围仅限于主要城市居民

如果你不想在其他应用或社交网络上登广告，可以考虑将搜索作为一种带动手段。这种移动搜索可能发生在移动浏览器中，也可能在地图应用程序或其他第三方垂直应用当中，如Yelp。根据Google的数据调查，1/5 的搜索都着意于本土。一个搜索引导消费者访问店家，80%的情况下，这种访问发生在搜索完成后的 5 个小时内。Google全球媒体业绩部负责人贾森 · 什佩罗曾说："点击对'获取新时刻'来说是一个非常完美的体验。本地产品上市广告弥合了真实世界和数字世界。”

最后，想想如何在移动设备上展示广告。迄今为止，还没有较好的经验。这主要是因为人们将移动广告视为网络广告的缩小版。就像移动设备上的其他内容一样，简单地将网页上的广告复制到手机上是不行的，需要仔细思考手机空间的特点。移动平台会应广告商的要求不断优化，特别是在识别个性化需求和衡量移动广告效果方面。一旦这种情况发生，移动广告就会变得更切合消费者需求，复杂性降低，创建这种借来的移动时刻比今天的线上广告更具吸引力。

移动时刻是营销的重点

在智能手机刚刚面市的时候，商家认为移动手机可能会代替一些营销设备，如平面展板、户外展板、视频和在线广告。但移动思维的变革意味着体验的核心在于移动。如果你的品牌为消费者提供这种互动体验，你就要在互动中将忠诚时刻最大化，就像星巴克做的那样。如果你和客户还没有建立这样的联系，那就要像雀巢公司一样，制造移动时刻。如果连制造移动时刻的条件也达不到，那就考虑借用，就像可口可乐中国公司所做的那样。但有些事情比营销战略更紧迫。那些已经发生了移动思维变革的消费者体验品牌的过程对品牌评价至关重要。正是出于这个原因，移动时刻对营销战略的重要性越来越强。

物质产品存在于真实的世界中。移动产品也一样。只有这两种产品形式相结合，才能提升产品体验，为品牌创造一种新的与消费者建立关系的路径。这是我们下一章的讨论主题。

THE MOBILE

M I N D S H I F T

第七章 **产品变革**

——在移动时刻丰富产品连接性

在美国塔霍（Tahoe），托尼·法代尔正在建设他所知道的最具连接性、最环保、最现代的家。他将尽自己所能创建一个现代的具有连接性的居所。托尼对世界充满了好奇，拥有先进的技术经验，他发明了数百项专利，并且是开发第一代iPod团队的领导者，同时对细节也有着执着的追求。一些微不足道的细节在他这里会被无限放大。

托尼认为，现有的温控器都是不成熟的。

“它的问题在哪里？问题就在于它很丑！”这是托尼在2011年与《连线》杂志记者史蒂文·利维谈话时说的。“它们很让人费解，并且价格昂贵。缺乏一件现代科技产品应该具备的任何一个特征，跟周围环境也没有任何联系。我不能远程控制它们。在塔霍，冬天极为寒冷，我希望在回家前就查看室内温度，或将它调至适温。但我不能依靠这些设备实现愿望。为什么会这样？”[1]

所以托尼开始着手来解决这些问题。

每年室内加热和降温的花费约占家庭能源开支的50%。而一个性能良好的温控器可以节省20%的家庭能源开支（温控器能源消耗约占全美能源消耗的10%），很多人没有很好地使用他们的温控器。为什么？因为那些温控器设计得并不合理。它们有很多按钮和程序，但对消费者来说这些都不实用，特别是对接受过移动思维变革训练的消费者而言。即使消费者弄清楚了如何调控温控器，也很有可能在下次调温度的时候，忘记当初是如何设置的。

使用移动设备后，人们已经习惯用它来了解自身所处的环境，并跟正在处理的事情产生联系。这些移动产品要能适应我们的需求，而不是强迫我们来适应它们。这就是为什么托尼要着手创建一款产品——Nest Learning温控器。这种温控器更像一款智能手机，并且能自动节能。

Nest温控器通过Wi-Fi与其他设备连接，并接受移动数字监控器的控制。它内部置有移动传感器，可根据主人是否在家调节温度。这款温控器甚至可以判断出在房间里转悠的是人还是宠物狗。当然，用户可以通过移动应用程序来控制温控器，并且可以计算你消耗了多少能源、节省了多少能源。无论用户身在何处，都可以根据需要随时修改设置。95%的Nest使用者都有移动调控器（手机或平板电脑），甚至很多用户选择只用移动设备来调控温控器。

Nest温控器售价249美元，是一般温控器价格的10倍。但它的销量在疯涨。目前Nest是亚马逊、百思买和劳氏销量第一的温控器。它的推荐值高达82，说明这款温控器已经满足甚至超出了他们的期待。截至目前，Nest温控器已经为其消费者节能15亿千瓦时。

是什么让这款温控器价值249美元呢？

因为它并不只是一款温控器，而是一个由移动时刻支持的可连接的温控器。

因此，家庭主妇无论身在何处，都可以通过任何一款移动设备来控制它。Nest温控器的移动时刻可以发生在任何地方，无论是在家里、在下班回家的路上还是在度假。正如Nest产品营销经理马克西姆·贝龙所言："消费者期望在他们冒出一个想法的时候，就能够通过手机将想法付诸实践。我们产品的成功依赖于实体产品本身和移动服务。"

Nest温控器还在不断改进。Nest从已销售的温控器中获取数据，根据数据反馈改进和提升产品。自该款温控器面世后，Nest已经推出25款产品更新版本，这些版本都免费向用户开放。

Nest更新产品并非依靠一己之力。在研究客户反馈的数据后，Nest已经将新的方式引介给开发者和它信赖的合作伙伴的编码者，优化应用程序，将温控器数据和天气、能源消耗数据相结合，进一步延伸产品价值，为消费者提供优质服务。

为什么Nest价值249美元？因为它在移动时刻增加了价值，公司将这款一次购买的、不经常使用的产品的配套服务视为重点。Nest温控器和衍生产品——能够联网的烟雾和一氧化碳报警器——为消费者创造了多重移动时刻。托尼·法代尔显然不是唯一一个看到移动时刻价值的人，Google在2014年1月以32亿美元的价格收购了Nest。

移动时刻为连接性产品增加服务

我们使用的绝大多数产品都很呆板，出厂后就与原厂制造系统失去联系。它们独自发挥着自己的功能。消费者需要通过旋钮、按钮和显示屏才能控制它们。这些呆板的机器也不会自主学习。它们无法获取并储存数据信息，也无法连接到能提升其价值的一系列服务中，也不能帮助制造这些产品的公司理解消费人群。

这就是一个挑战。在商品化社会，无论你是发明还是销售商品，总有人会推出一个更加低廉的版本。如果想让产品不那么容易被复制，你就要让它变得更加智能。这就需要在充足的移动时刻增加足够的服务和价值，让消费者心甘情愿地购买你的产品，而不是那些竞争对手的。

托尼·法代尔意识到温控器不是呆板的机器，或者说任何产品都不是。将它们连接到无线网络并增设15美元的芯片后，任何产品都能通过互联网与相关服务连接——一些服务最开始由厂家设置，但随着与消费者互动的增加，服务的内容也在不断增加。就像我们将要展示的那样，你可以为这类产品索取更高的价格，创造新的销售机会，甚至可以根据产品提供的数据创造新的价值。

这些成功的前提是，你能够慎重地选择合适的时刻来缔结更加智能的互动关系。互动之所以更加智能，是因为产品生产商在默默地收集、汇聚、加工、分析产品反馈数据，这样才能提供全新的客户体验。甚至在消费者不再摆弄机器设置的时候，包含移动时刻理念的产品能够让消费者安心。消费者通过这些智能产品可以知道“我的父母安好”、“我的房子没有着火”、“我的晚饭没有煮糊”等，从而更加舒心地生活和工作。

就像Google发现的，连接性智能产品比呆板的产品价值要高，它的价值来自产品连接的系统。

产品连接性震惊生产商

如果你制造了一款复杂的产品，里面包含微处理器（像一辆车或者一款工业机器人），你可能已经感受到了产品的智能性。如果你制造的产品相对简单一些，如供暖或照明系统，那么可能你也在考虑在产品中注入智能因素。你还在做此考虑的时候，生产商并没有囿于他们的想象力。他们已经将袜子、绷带等一切相连接，并将它们变成了有捕捉、学习和传授功能的智能产品（见表7–1）。

首先，有企业已经开发了新系列设备来提升手机或平板电脑的功能。其中包括Google眼镜——一款拥有摄影、显示器和声音识别功能的产品。还有三星的Galaxy Gear智能手表，它拥有跟手机类似的显示屏、应用程序和功能。

还有许多用途相对单一的可穿戴产品，包括耐克智能健身腕带和Fitbit智能手环，这类设施可以检测到佩戴者的运动量。一些医疗设备生产商也增加了产品的性能，包括尿布、血糖仪等，来跟踪使用者的身体状况，其中一些设备是独立的，另外一些需要跟手机相连才能工作。摩托罗拉公司甚至设计了一款针对执法人员的特殊可穿戴设备，他们可以借此检测是否有犯人逃跑，并感知枪何时脱离抢脱。这些设备在移动时刻向控制中心传递信息，以便更好地管控高速追逐和枪战等场面。

表 7–1　连接性产品类别

产品类型	移动时刻是如何提升产品功能的	典型案例
智能手机衍生产品	通过显示器、摄像感应或声控器，让移动功能变得更加简洁。	Google眼镜 Pebble智能手表 三星Galaxy Gear智能手表
健身类可穿戴产品	通过传感器收集数据，在锻炼时或锻炼结束之后，向锻炼者提供实时反馈。	Fitbit智能手环 Heapsylon智能短袜 耐克智能健身腕带 Whistle智能项圈（宠物狗用）
医用及安全类可穿戴产品 连接性设备	通过独立设备或连接到手机的设备，利用佩戴者的健康或生物计量数据，提升关注度或发现紧急情况；发现或记录不安全的状况，或提升决断力。	Alive Cor心脏检测（心电图） CellScope Oto检耳镜 依云智能水 Jawbone Up 智能手环（检测睡眠质量） 摩托罗拉为执法人员设计的连接设备 Netatmo June智能防晒手环 Pixie Scientific智能尿布 Proteus Digital Health药片摄入传感器 Sanofi iBGstar血糖测量仪 SecuraFone Health皮肤监测仪 SoundWorld Solutions扩音器 Withings智能血压计
连接性消费品	通过Wi-Fi、蓝牙、蜂窝数据，传递从感应器上收集到的信息；提升消费者对设备的控制并创造新的移动时刻。	A&T Digital Life全方位家庭监视器 可通信汽车 有线和卫星电视机顶盒 Lively老人活动监视器 Nest Learning温控器 Nest Protect烟雾和一氧化碳警报器 飞利浦Avent Smart婴儿监视器 飞利浦Hue智能灯泡（照明） 三星智能温控电冰箱 惠而浦智能冰箱
连接性工业产品	将产品的性能信息反馈给一线团队，以此提升维修效果，避免产品事故。	通用电气的喷气发动机、涡轮机和机车 Harvard无线路灯 马士基航运公司的集装箱

每一种能想象到的电子产品都实现了连接性。东风日产Leaf电动车在充电完成时能够向消费者发送电子邮件提醒，并让消费者通过智能手机远程打开空调或是关闭充电设备。三星智能冰箱装有互联网屏幕，而Nest烟雾和一氧化碳警报器能够提醒消费者，并告诉他们问题出在哪里，而不是简单地发出恼人的嗡嗡的警报声。

最后，工业设备制造商，如果之前还没有在产品中装入移动控制装置，现在也都开始准备了。[2]通用电气的涡轮机发生故障需要维修，如果涡轮机在维修人员爬上高高的塔楼前就告诉他们问题所在，维修过程就会大大简化。

这些设备有什么共同之处呢？它们不再仅仅是一款简单的产品，而是具有自己更高的价值——通过网络连接到生产公司以提供更多服务。它们自带API（应用程序编程接口），这样可以让产品和服务成为一体，并允许独立的开发者为产品增加新的性能或服务，进一步提升产品价值。因为这些产品具有连接性，公司可以挖掘、捕获相关数据，从中洞察如何开发新型服务，改善未来产品，并在市场上创造更好的共鸣效应。所有这些都将帮助生产者提升产品的价值，逃离商业陷阱。

连接性产品因参与互动提升价值

在看前一小节的产品列表时，你或许就已经热血沸腾。在产品中嵌入移动连接设备能够为你带来什么样的价值？或许你吓了一跳，心想："我们完全不知道该怎么做。"

不要急于向前迈进，也不要被吓退，问自己这样一个问题："如果我设计一款连接型产品，我要把它和什么连接在一起呢？"

这个问题的答案会告诉你下一步应该怎么做。所有产品都要连接到由生产商管理的信息系统中，特别是那些想要为消费者创造价值的生产商。只有意识到产品信息系统具体可以做些什么，才能考虑产品能够为客户创造的价值。Nest温控器价值高，是因为通过信息系统，可以了解消费者在家中如何使用能源。Fitbit运动手环能够取得成功，更是因为它的连接系统能帮助使用者看到自己在健康计划方面的进步。所有连接性产品都通过这样的方式创造价值。

三类最为重要的移动时刻

面对现实吧。这些产品都很机智。如果想要在移动时刻提升产品价值，那么产品经理就要慎重地选择这些时刻。之所以取得成功，是因为产品开发者能够准确认知客户的宏观需求（比如节能、减重、烹饪，或进行执法活动）。接着，产品开发者还要准确判断出移动时刻，确保产品在这些时刻实现省时、省钱、高效等目的，或者只是更加凉爽这样的小要求。通过分析大量类似的设备，我们总结出三种移动时刻类型来保证产品价值。

1. 安装。客户与产品的第一次接触至关重要。不要仅仅将目标定在容易安装上，要致力于展示良好的产品性能。这方面典型的例子是Sound World Solutions公司生产的一款助听产品。一般情况下，消费者在花费2 000美元购买一款助听器后，会费尽周折地找专家调试。Sound World Solutions的客户只需要登录到其移动应用中，就可以自行安装。大约70%的购买者不需要再向公司或者经销商寻求进一步的帮助。

2. 使用。移动应用程序让消费者能够自己探索移动应用，设置令人振奋的新功能。比如，消费者可以通过飞利浦Hue照明系统调试符合自己家庭环境的灯光。再如，消费者通过iBGStar血糖仪来监测糖尿病，或是通过Jawbone Up记录睡眠模式。而连接性汽车会在需要维修的时候向主人发送通知，或是在事故现场自动联系紧急服务，汽车的价值也因此提升。

3. 维护和更新。智能型产品，特别是那些昂贵的产品，能够提醒消费者何时购买或更新，或是告知这款产品即将过时。消费者可以将传感器放在耐克鞋中，在与手机连接后通过移动应用程序告知你何时该换新鞋。惠而浦的几款洗衣机和烘干机在干燥器中塞有绒毛或需要维修时，能够向用户自动发送警报。[3] 汽车、采矿设备、喷气发动机和工业设备等都拥有上千个传感器监控性能，以检测故障或系统退化。通用电气软件研究部副总经理比尔·鲁曾说：“我们在喷气发动机上装置的传感器数量是20年前的10倍。”

如果你在研究移动时刻，并思考能够利用它们的系统，那么你就已经在提高产品设施性能的路上了。如果你足够幸运，就可以创造出如Withings智能电子秤那样流行的产品。

案例分析：Withings和开发者共同创建移动健康时刻

体重秤本身并不能让人们变得更健康，但将体重秤与系统和服务相连可以。

在这一洞察力的感召下，Withings的首席执行官塞德里克·哈钦斯设计出了一款有连接性的智能体重秤。总部设在巴黎的Withings公司，重新定义了保健和健康产品的内涵。像Nest的首席执行官托尼·法代尔一样，塞德里克将目光投向了产品背后的系统，他认为一款常用消费品可以满足客户更宏观的需求。

但真正让Withings脱颖而出的，是公司将这款简洁的商品打造为与合作伙伴共建的生态系统的一个组成部分，提升了产品价值。

一款Withings体重秤是由三个要素组成的：

第一，它让消费者认为值得拥有并愿意经常使用。整个体重秤的设计感现代、柔和。而连接性让购买者相信它确实物有所值。

第二个要素是体重秤的软件和系统，人直观上发现不了。Withings的开发者不仅通过开发软件提升体重秤功能，还建立了在线系统，使用者能够在线跟踪自己的体重变化。在Withings公司，硬件开发人员、软件开发人员和产品经理一起工作，以缩短产品开发的周期。事实上，Withings公司内发展最快的部门包括能够更新软件，收集数据以拓展产品功能、提供新服务的所有开发者和员工。

但Withings并没有在提供服务这一层面上止步。体重秤开发系统的第三个要素是，让合作伙伴参与到产品开发中。于是，智能手机应邀参与其中。

LoseIt！是世界上最流行的减重应用程序之一（截止到2013年，共有1 900万人下载了该应用），可以连接到智能体重秤，跟踪体重变化。同样，拥有4 000万用户的MyFitnessPal也可以。到2013年11月，其他100个移动应用程序也能做到这一点。无须支付费用，Withings就成功与LoseIt！、MyFitnessPal等应用合作，因为它的产品增加了这些应用程序自身的价值，而相应的，这些移动应用程序也让Withings公司受益。一些人从手机应用中了解到Withings智能体重秤后，成了Withings的新客户。彼此实现了共赢。

这种合作关系为Withings带来了巨大的帮助，因为它可以使所有产品共同发挥效用。目前，Withings产品包括血压计、运动追踪器、婴儿监视器，还包括可以监测睡眠质量的产品。消费者可以在一块仪表板上看到所有反馈信息。塞德里克的愿景是，他的产品可以最终改变人们与整个医疗系统的互动方式，包括与医生、保险公司和慢性疾病管理中心。

因为Withings的产品是彼此连接的，所以它们处在一个更大的系统之中，是健康护理装置的理想部件。这就是为什么克利夫兰诊所的首席医师戴夫·莱文博士，在会诊过程中使用移动应用程序和相关连接性产品的原因。无论是90岁的病人在iPad上记录自己的病史，还是智能体重秤警告临床医生他的病人意外增重潜在的危险，戴夫和他的团队都看到了这些连接性产品在健康保健方面的效果。

我们如何从一个简单的体重秤开始，最终升级为改善健康的系统？这完全归功于移动连接。

移动增强产品创收的三种方式

打造一款连接性产品很昂贵。但这些连接性产品并不是一般的商品，它能够通过各种新方式为企业赢利。下面是三种可能的方式。

首先，可以利用服务为产品价值增值。人们花149美元购买Withings智能体重秤，是因为它能够提供更多的服务，它满足的不仅仅是消费者称重的需要。智能体重秤的连接系统能让消费者获得更多服务，甚至可以联系到其他消费者，提升口碑。而设备和系统的持续更新，进一步提升了价值。智能体重秤还有一个很酷的特点。“大脑理性和感性功能的结合是成功的核心。”Nest公司产品总监马克西姆·贝龙如是说。目前，有关该类消费品的绝大多数服务都是免费向消费者开放的，我们希望在建立足够大的客户群体后，公司也能够打造一些付费服务。

其次，可以与其他生产商合作来提升公司产品的价值。制造商和第三方应用在产品平台上打造新的服务项目，开拓新的利润来源。明显的案例就是智能手机，到2013年11月，苹果手机从应用程序的销售中获利150亿美元，注册账户达5亿，并将收入的70%返给应用程序开发商为其继续提升服务。[4] Kindle电子图书平台通过传递内容来赢利。飞利浦Hue照明系统让人们开发能够控制灯光的应用，并将使用者发展成为“Hue的朋友”。甚至还有公司创建“学习探戈”的应用程序，与Heapsylon的智能短袜合作。

最后，从数据反馈中创造利润。这一利润来源还有待进一步开发，值得留意。假如有几十万消费者使用你的产品，你就可以借此了解他们的行为特点。根据数据反馈，不仅能够提升产品，还可以为其他品牌提供大数据信息服务。Nest帮助公用事业公司了解消费者如何使用能源。TiVo公司销售项目分析报告，而这一报告的根据是它对使用其数字录像机的消费者行为特点的研究和分析。这些数据帮助他们理解不同用户群体各自的健康、财富、实力和弱点，将来，我们期望消费者和企业能够为这些数据付费。

产品公司要生产这种价位高且具有网络连接性能的产品，还需要有更多的认知。产品开发团队本身也需要改造，在任一产品面世前，产品设计要认识到创建新服务并为系统参与提供持续支持的需求。如果公司真的准备开发这种产品，有必要学习飞利浦公司的工作方式：系统改造。

案例分析：飞利浦如何开发出内置互动系统的产品

飞利浦是一家多元化的公司，总部在荷兰。该公司生产灯泡、婴儿监控器、电动剃须刀、空气净化器、咖啡机、照明产品，及其他改善消费者生活方式和保健的产品。所有产品都是商品化的。公司正在投资开发内置移动系统的连接性产品。

蒂博·塞韦斯特是飞利浦荷兰总部信息技术部门的创新经理。在跟各种团队——设计部、研发部、创新服务部以及公司消费者生活方式电子创新项目组——合作的过程中，蒂博协助开发出了一个系统流程来打造连接性产品。

他们从了解消费者核心需求入手。从市场研究、人类行为学研究、社会共建网站中综合理解消费者的需求，进而理解核心移动时刻的内涵和其相关社会背景。通过这些研究，飞利浦公司了解到，主妇使用飞利浦产品，不仅仅是想为家人做一顿饭，她们更想为家人提供营养均衡的、丰富的、有新意的菜品。[5]而这些主妇又是多面手，除了做饭，她们还需要辅导孩子做家庭作业，与同事商讨工作问题，或是照看在外面玩耍的孩子。这样的主妇尤其需要移动增强型产品。

基于对这类移动时刻的分析，飞利浦创造出了一款名为“Home Cooker neXt”的产品。Home Cooker neXt是一款能够通过移动设备进行远程监视和控制的智能电饭锅。在异常情况发生时，电饭锅会向做饭的人发送通知或短信，如开锅了、再加点儿盐或是加胡萝卜。如果做饭的人没有及时回应，那么电饭锅就会自动降低温度，以防把晚饭煮糊（或是让房子着火）。飞利浦公司联合它的信息合作者提升产品价值，来提供食谱、营养计划书和烹饪课等。

“Home Cooker neXt”是飞利浦公司在2013年秋季推出的五款新概念产品之一。创建这样的产品需要公司文化上的转变。产品工程师习惯提供最终成品，而对于那些移动增值产品，他们需要根据消费者的使用数据定期更新。就像蒂博说的，“我们并非Google和Facebook这样的互联网巨头”，但公司仍要学习它们的思维。

飞利浦公司将开发一款产品习得的经验推广到其他产品的开发过程中。开发新产品的架构是：不仅要开发电子产品，还要在产品中融入支持移动应用的软件和云系统。这些应用程序要像手机一样不断更新换代。一个消费者不会因为她将iPhone手机换成安卓系统手机就扔掉原有的电饭锅。飞利浦公司目前专门有一支研发团队来维护嵌入式平台。另有一支团队专注于移动应用平台的开发。

不像Nest这种刚刚起步的创业公司，飞利浦公司需要工具能适用于公司不同类别的产品。蒂博正在努力连接一切产品，从咖啡机到婴儿监视器，再到空气净化器。他帮助业务部门改造产品，设计能不断提升产品自身价值的服务。

产品团队需要在移动时刻变革时做些什么

飞利浦公司的经验明确了连接性产品、移动增强产品开发过程中的一些要素，这一过程更像是在开发软件或是互联网，而不是传统的产品开发过程。

公司必须组织并授权一个多功能的团队来打造连接性的产品。硬件开发人员负责设计产品的外观和功能，软件开发人员设计应用程序和连接产品的技术平台，产品经理要确保关注点放在解决消费者面对的宏观问题上。这个团队比传统产品开发团队更为复杂和多元，工作方式也有很大不同。最大的不同在于开发产品的速度。

首先，产品的出厂时间变得更早。我们已经习惯了Google这样的公司，在产品正式完成前就对外发布试用版本。连接性产品要做的比这更多，因为一旦产品推出后，就不能再任意改变产品硬件。但一些服务不必在完善之后再推出，因为在连接性产品安装完成后，公司还会不断升级软件并优化后台服务。

越来越多的产品开发者推出所谓的最小化可行性产品（minimum viable product，以下简称MVP）。[6] 一款MVP能够满足消费者的目标，如跟踪记录运动量、帮你做饭或是监测血糖值等，提供服务，以此来支撑它的高价。推出MVP的公司知道它们能够不断提升产品性能，而初次使用该产品的消费者也能参与其中。如耐克数字运动部副总裁兼总经理斯特凡·奥兰德所言："不断前进，就会变得更好！"[7]

网站和应用程序的软件开发也正面临一场变革，从庞大复杂的产品和不定期发售，到如今这种持续灵活的开发循环。这一变革也是生产和提升由软件和技术系统支持的连接性产品的关键因素，我们会在第十二章详细论述这一点。没必要一开始就弄懂产品最终会呈现出怎样的特色和功能。你需要一边探索一边学习，在为期两周的"冲刺"过程中，包括软件、硬件开发人员和产品经理在内的整个产品团队，需要一起来选择产品功能、打造软件并测试性能。一个有效且灵活的团队可以迅速修复流程上的错误，并在一年中多次更新软件。产品经理也要转换业务架构思考方式。产品及其配套服务系统成为一个平台，在这个平台上，可以进一步建造服务、合作和产品的生态系统。

新产品开发的要素——发布MVP，采用灵活开发方式以提升产品性能，将产品视作平台——都将改变产品的开发。随着开发团队的移动转型，生产者可以提升产品的价格，这也是为产品公司提高利润开辟的一条新路径。

这些原则对工业产品来说也同样适用。无论是风力涡轮机还是工业机器人，移动都是工业制造系统自然要提升的地方。你能想象路灯也能从移动时刻中获益吗?

案例分析：移动增强型路灯显而易见的好处

2012年圣诞节，英国威斯敏斯特市举行了节日庆典。下午4时许，Jermyn街逐渐被夜晚的黑暗吞噬，这时，歌手凯瑟琳·詹金斯轻轻点击iPad上的按钮，点亮了圣诞节的假日氛围。这并不是舞台上的灯光效果。她点亮的是伦敦一条购物街上的路灯和圣诞树上的彩灯。整个活动是戴夫·弗兰克斯策划的。

戴夫有着30年的路灯管理经验，目前管理着威斯敏斯特市14 000个路灯，确保这里的居民和财产安全。有些街道自1807年就有路灯了，那还是一个德国企业家居住在伦敦的时候，第一次为Pall Mall街的夜晚带来光明。[8]

最开始，路灯管理者需要每晚提着一个照明棒，到街上为每一盏路灯打开燃气并点燃灯丝。后来，他们的职责演变成管理电灯的安全性和功效。虽然职责有所变化，但有三样内容始终不得掉以轻心，那就是：电力消耗、维持电灯功效和保护区域安全。

戴夫发现，他可以通过手机或平板电脑应用控制和收集路灯信息，同时解决这三个问题。他说服市议会斥资325万英镑用于智能照明工程，升级路灯系统，并因此为该市每年节约了40万英镑。[9]节省下来的资金可以回投至这个项目，戴夫有一次让市议会的议员看向外面的街道，然后当场用手机点亮路灯。他告诉我们："在路灯照明方面，没有比智能照明更性感的了。"

在一家名叫"Harvard Engineering"公司的帮助下，戴夫不再局限于路灯的机械开关和手动检查流程，并通过无线网络将照明系统与互联网相连。这样，他就把城市路灯的管理权放到了维修人员、直接责任人员甚至名人的手中。[10]

哪条街道上的灯快要烧爆了（因为电压高峰），要及时更换灯泡，维修工能够在平板电脑上一览无余。这可比等市民抱怨后再采取行动好多了。只需要在智能手机上轻触几下，警察在发现街头斗殴时就可以将街灯打亮。而著名歌手可以在这种移动时刻点亮圣诞庆典。

工业产品和移动时刻是天造地设的一对

任何工业设备都可复制路灯应用。通过这类产品应用，马士基公司的船长能够看到码头上一艘20层楼高的货轮和轮船上18 000个集装箱的具体位置和情况。Tcho风险投资公司的巧克力制造商，借助她工厂里的实验设备，就可改变设置，因为生产机器都被赋予了移动时刻。在通用电气工作的风力涡轮机技术人员可以诊断出一组30台风力涡轮机最远端的那台的问题，并在爬上塔顶之前，就能从卡车上选出正确的工具和零件。

设备越昂贵，具有移动功能的服务就越有价值。通用电气公司对昂贵的设备有深入了解。这一工业巨人建造了全球最大的一些机器：发电涡轮机，机车，喷气发动机，以及石油和天然气开采机器。如果机器的使用人员和维修人员能够远程操控这些机器，那么工作效率将会大大提高，维修成本降低，设备的安全性也会提升。

•••••••••••••

如果制造商通过增加服务，让产品和消费者能建立直接的互动关系，那么他们将获得一个赢利新途径，甚至可以开启新的商业模式。Withings公司和Nest公司的产品价格相对较高，并且都含有增值服务。我们也可以看到这些连接性产品是如何通过应用程序编程接口扩展合作关系，并增加其收集数据的价值的。下一章，我们将研究移动时刻在多大程度上改变了产品和服务公司的商业模式。

THE MOBILE

M I N D S H I F T

第八章 商业模式变革

——移动时刻创造新型商业模式

Under Armour不仅仅是一家公司。它是由美国最著名的教练们共同创建的一个更衣室，在这里所有员工的核心工作理念是："通过激情、设计和对创新的不懈追求，让运动员更加舒适。"

这话是奇普·亚当斯说的。作为这家健身服装公司的首席绩效官，奇普已经将这句话付诸实践。在公司创始人和首席执行官凯文·普兰克的愿景的推动下，Under Armour通过为特定客户群设计产品、大力宣传和零售的方式，来完成它的使命。2012年，公司创收18亿美元。每个领域的运动员在训练或者逛商场时，都会穿上这一品牌的服装来炫酷，Under Armour因此逐渐为人们熟识。但像其他通过零售方式销售的消费品公司一样，Under Armour跟消费者之间缺乏直接的沟通。

Under Armour的强劲竞争对手耐克却不是这样。自2006年开始，耐克就开始利用移动思维变革，直接为消费者服务。最初推出了Nike+ iPod感应器和应用程序，之后又陆续推出其他的应用程序。目前，耐克已经与 1 800 万跑步者取得了直接联系，跟踪他们的训练。[1] 因此，耐克对运动爱好者的了解，比任何一家市场研究公司都深入。

运动员是这个世界上最具变革性思维的人。在这一群体中，特别是年轻的运动员，移动思想变革指数要比一般人群高很多（见图 8–1）。他们不仅变革程度高，在移动设备上交流、消费和交易的频率也比普通人群高。高频交流和交易记录说明，运动员愿意通过移动设备来分享运动成果。在训练的时候，运动员也更愿意使用智能手机。在使用智能手机的运动员中，26% 的人在训练时使

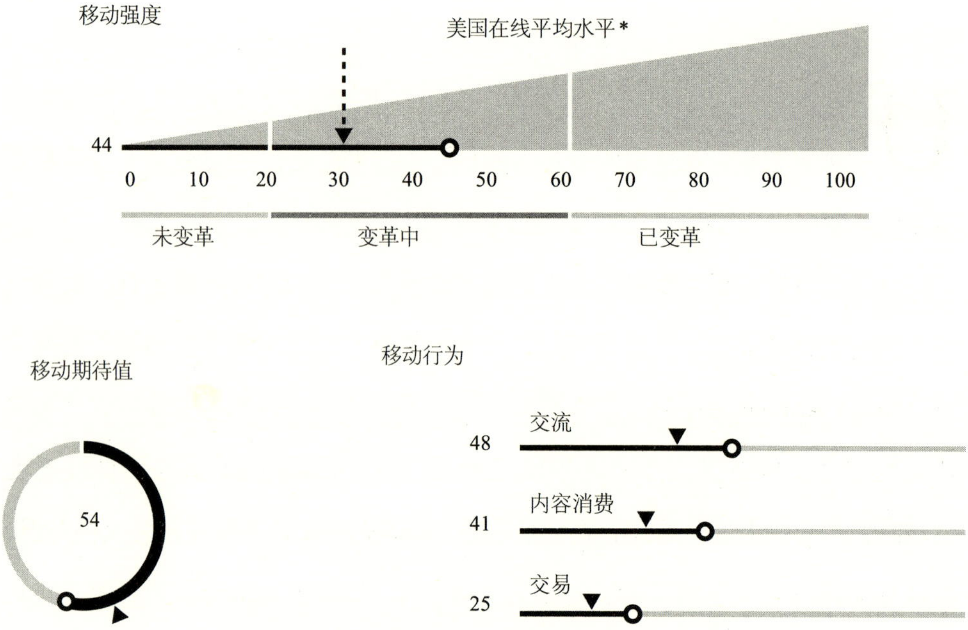

图 8–1　18~40 岁运动爱好者移动思维变革指数

样本：2 072 个保持业余运动的美国在线成人（18~40 岁）
* 样本：8 224 个美国在线成人（18 岁以上）
来源：2013 年第三季度美国移动思维变革在线调查

用，而 18~40 岁年龄段的运动员在训练时使用手机的比例高达 33%。这一比例在非运动员中只有 12%。运动员愿意在移动时刻与品牌建立直接联系。

耐克并非唯一一家利用运动员移动思维变革的创新型企业。另一些移动健身应用程序，包括Strava和MapMyRide，也在移动时刻通过智能手机为运动员提供服务。这些健身应用的优势是他们建立了一个开放的云平台，在这个平台上运动员可以通过可穿戴设备或移动应用程序上的数据与它们建立联系。如果有一个开放平台，Under Armour也可以与消费者和潜在消费者取得直接联系。那它怎么才能获取该平台上的优势呢？

罗宾 · 瑟斯顿找到了他的用武之地。罗宾是一个移动思维变革程度很高的运动员，也是MapMyFitness公司的首席执行官。MapMyFitness推出了一系列移动健身应用程序，包括MapMyRide、MapMyRun和MapMyWalk。作为一名职业自行车手，罗宾创办这家公司的原因是，他想找到一种更好的方式，来发现世界上最好的骑车路线。罗宾每年会骑行 8 000~10 000 英里，他对骑行运动的热情和凯文 · 普兰克及奇普 · 亚当斯对Under Armour的热情是一样的。

骑自行车的人用智能手机上的MapMyRide应用程序可以找到合适的骑行路线，跟踪他们的表现，记录个人成绩，对比骑行过同一条路线的运动员或骑行爱好者的成绩。这仿佛是一起爬坡的人进行的一场虚拟比赛。胜利属于上山最快的那位——至少在网络世界中最快的那位。

2013 年，MapMyFitness拥有 2 100 万注册用户，较 2012 年的 1 300 万有了较大增长。其中有 900 万用户每月都很活跃。2013 年，当凯文遇见罗宾的时候，他意识到，自己已经找到了在移动时刻与运动员直接互动的方式。

2013 年 12 月，Under Armour以一亿五千万美元的价格收购了MapMyFitness。

MapMyFitness的商业模式是数字化。它向那些希望与他人分享骑行路线或是对比运动数据的人推销订阅服务。它卖的是广告。但罗宾真正的商业模式创新更宏大：他要将MapMyFitness打造成一个开放的“健身云”，任何企业在移动时刻都能为运动员提供服务。健身云就像一个运动员的社交网络，它以互联网为平台，储存用户健身数据，管理个人账户，建立社交链接，并接洽来自其他公司的新型设备和应用程序。若平台的使命是让所有运动员更加舒适，那就需要公司掌握先机，并向所有设备和应用程序开放，特别是向其他公司的应用程序开放。数千家提供工具、零件或服务的公司已在使用MapMyFitness软件，以此来提升他们的产品和服务。

因此，MapMyFitness的商业模式并不仅仅是数字化，它本身就具有移动性。离开了移动时刻，这种商业模式根本无法存活。

凯文·普兰克与罗宾·瑟斯顿的会面，其实是同一个任务理念和不同商业模式的匹配。就像奇普·亚当斯解释的那样：“如果我们的关注点落在运动员和他们的需求上，那么好事自然会发生。在我们朝着正确方向迈进的时候，利润只会是附属品。”

收购MapMyFitness后，Under Armour可以提升其现有的实物产品的商业模式。Under Armour与上千万的运动员有直接联系，也因此了解到它们的客户或潜在客户在运动时着装和鞋类用品的选择。仅仅将天气状况与跑步季节结合，就让衣服有了新的提升方向。MapMyFitness从运动员客户中获取了这些数据。Under Armour可以使用这些信息来创造更好的产品，并寻找到将产品直接推销给运动员的方式。

Under Armour现在还拥有一个全新的移动商业模式，这一模式与其使命完全契合。就像其他企业一样，它可以通过在移动时刻向运动员推送新的服务，来推动其移动思维变革。

移动时刻影响每一种商业模式

你不能忽略移动思维变革对商业模式的影响。如果在消费者考量公司相关产品和服务的时候，你的公司缺席了移动时刻，就会失去存在感。如果因疏于防备而被竞争对手或是其他企业抢得移动时刻，那么公司肯定会因此伤心欲绝。

必须利用移动时刻来提升、拓展或创新商业模式。

我们已经介绍了移动时刻是如何提升既有商业模式的：借助销售、营销和产品。在第五章，我们向读者介绍了沃尔格林和WTSO在移动时刻所创建的新的销售机会。在第六章，我们展现了星巴克和雀巢这样的公司如何利用移动时刻为消费者服务，获得更多关注，收集他们需要的有价值的信息。同样，我们期待Under Armour也能利用MapMyFitness来提升它现有的商业模式，即服装销售。

我们已经介绍了如何利用移动时刻来拓展你现有的商业模式。电子贸易为消费者在移动时刻赋予了掌控权。USAA通过移动时刻扩展了银行服务。Nest、飞利浦和Harvard Engineer都通过移动时刻增加了自己产品的价值。

另外一些公司通过收购蕴含移动理念的初创公司拓展他们的商业模式。以网络为核心的Facebook在花10亿美元收购Instagram的时候，买到的还有这种移动性商业模式。Facebook这么做的原因是，Instagram比同时期的其他产品更懂得移动图片分享时刻。安泰保险收购移动应用程序制造商Healthagen及其应用程序iTriage，帮助会员在疾病发作前找到合适的医疗服务。[2] Google以9.66亿美元的价格收购了移动交通和导航服务软件Waze，为堵在路上的驾驶员提供优化路线服务，之后，它收购了Nest，将公司的触角从网络和手机一直延伸至用户的家里。[3] 甚至连沃尔玛都收购了移动型初创公司。

是什么促使这些商业巨头购买移动服务的呢？就是怕落后的心理。面对巨大的商业浪潮，越来越多的消费者移动思维变革的程度在不断提升，对移动时刻提供服务的期待也越来越高。

但真正令人振奋的机会并不在于提升或延展商业模式，而是创建新的商业模式，在移动时刻通过服务、娱乐或分销的方式来获得利润。在这一章，我们将帮助你在自己的商业模式中找到移动时刻。而这仅仅是开始。从长远看，这种移动思维变革能够引发支付方式、服务、基础设施和经济自身的转变（我们将在第十三章进一步讨论）。

在移动时刻创造利润的主要方式之一就是提供新型服务。这也是拉塞尔·霍尔所做的工作。

案例分析：Hailo在移动时刻连接出租车司机和乘客

仅仅在三年前，出租车市场还是一盘散沙，毫无效率。你是否曾在雨天长时间等待一辆出租车来解救你？你是否思考过为什么在你最需要打车的时候总是没有足够的出租车？出租车司机也同样惆怅。他们经常花大半天的时间开着空车等待招手的乘客。出租车招呼站、广播调度、手机叫车等服务都没有实现资源优化配置。

拉塞尔·霍尔也曾思考出租车市场为何杂乱无序。他应该知道，他自己就是伦敦的出租车司机，他的老婆也是，他的爸爸也做这行。出租车已经深入他的灵魂。拉塞尔同时也是一位创业者。在2009年，越来越多的伦敦人拥有iPhone手机。拉塞尔和一些的哥边喝咖啡边讨论：为什么他们有时在莱斯特广场长时间等待乘客时，皮卡迪利广场上的乘客却需要排队等候出租车。

拉塞尔发现出租车服务行业资源配置失衡。乘客要打车时总是遇不到出租车。传统的解决方法是调控价格和供应量，在酒店和火车站外设置出租车候客区，让乘客排队候车，利用广播调度。但这些方法都没有奏效。

拉塞尔组建了一个团队来解决这个问题，并在2011年推出Hailo应用程序，为出租车行业提供一款新的叫车服务和营运模式。他创建的这种商业模式只存在于移动时刻中。现在已经有14个国家使用Hailo，每个国家有42 000名出租车司机在使用Hailo，每4秒钟就有一名司机借助这款应用接载到乘客。下面介绍一下Hailo的运营方式。

司机和乘客都可以使用这款手机应用程序。当一个乘客准备叫出租车的时候，他手机上的Hailo应用借助导航获知距离他最近的出租车在哪里，要花费多长时间可以接到他。

乘客点击应用程序。出租车司机即刻收到Hailo应用程序的通知，并决定是否接单。如果想接单，出租车司机在应用上回应，Hailo会告诉司机乘客的具体位置。一般出租车会在两分钟内出现，而这时乘客也准备好上车。在即将到达目的地的时候，应用程序会记录此单交易。乘客可以使用信用卡支付或者现金支付（仅在欧洲的几个城市可行）。

司机和监管者是Hailo应用程序成功的关键。Hailo的客户是司机，而非乘客。如果出租车司机都不喜欢使用这款应用，那么Hailo就没有商业模式可言。因为出租车行业是受管制的行业，Hailo才可以学着去制定相关细节信息，目前它已经有英语、日语、加泰罗尼亚语、法语和盖尔语版本。

这款应用程序本身很简单。通过调度功能调配出租车的时代已经一去不返。在美国，支付服务是自动化的。拉塞尔不需要另外建立一个无线网或员工呼叫中心，或是购买很多服务器。相反，Hailo应用程序将其他公司投资在出租车、无线网络、云端运算服务器和软件上的数百亿美元投资到汽车服务中，实现了以最少的员工数量来维持公司运营。

Hailo获利的方式很直接：在移动时刻每一个匹配订单中收取中介费。但Hailo应用程序的消费者——出租车司机，也借助Hailo的移动性商业模式获得更多利润，因为他们在单位时间内接单的数量有了大幅提升。你在移动时刻创造便利的时候，不要忘记也能创造更多利润。

移动性商业模式通过移动时刻直接获得利润

像罗宾·瑟斯顿和拉塞尔·霍尔这样的创业者和创新者正在不断创造新的服务方式和商业模式，在移动时刻赚取利润。其中有一些服务是在发掘移动时刻的现实情境。它们通过当地服务、QR码、相关领域的通信芯片和蓝牙连接等方式，将物质世界和数字世界连接在一起。比如，Shopkick的移动应用程序将人们引导到一个商店，若消费者购买了促销产品，它会给予进一步的奖励。

2013年下半年，随着苹果的iBeacon在iPhone和iPad上问世，定位服务变得更为精确。这项技术能够将使用者与仅距他几米范围内的关注物相连接。通过iBeacon技术，商家可以通过向站在百乐买商场内电视旁的消费者提供优惠券，也可以引导参观者观看博物馆的展览，或是为即将到家的主人打开房门（当然该房门有密码保护）。[4]

在移动时刻提供服务是赚钱的一种好方式。而提供娱乐和分销内容则是另外两个获取利润的重要途径。在任何时候，只要有消费者愿意为移动时刻的价值支付费用，就有机会建立新的商机。我们已经对上千种移动型初创公司进行了分类，并确定了这些公司在移动时刻直接获得利润的六种方式（见表8–1）。

娱乐项目开发了移动思维变革中最有创新意义的商业模式：应用程序内购买。这种模式充分利用了游戏玩家在移动时刻表现出的急躁和热情。

表8–1 如何利用移动时刻赢利

	描述	案例
广告	在移动应用或网站中投入广告或滚动播放视频。根据定位和个人情境，机会在不断增多。弗雷斯特研究公司预测，截止到2018年，美国的品牌在移动广告上投入的费用会达到257亿美元。	• Facebook期望2014年公司从移动广告中获得的利润能占其总利润的至少一半。 • Flipboard向现在高端杂志和特别策划的杂志中的品牌收取广告费用。 • Twitter 和Google通过收取广告费向移动设备提供服务。
订阅	向持续使用服务或升级服务的用户按月收费。很多订阅模式都有一长串免费下载名单，这是免费增值商业模式的基本措施。	• Dropbox和Evernote根据用户的储存需求按月收费。 • Netflix根据用户电影下载量按月收费。 •《纽约时报》收取手机报订阅费用。

（续表）

	描述	案例
购买应用程序	在应用程序商店内销售游戏、产能工具和业务应用。苹果和Google向每款移动应用程序索取30%的费用。	• Adobe向安卓平板电脑上的Photoshop Touch应用收费9.99美元的费用。 • Mojang向iPhone手机上的Minecraft游戏收费6.99美元。 • 苹果向iPhone和iPad上的iWorks软件收费9.99美元。
应用程序内交易	在移动应用中销售服务、提供内容和产品或升级系统。通常情况下，支付一定的费用给应用程序商店（例如，苹果公司在美国收取占总收入30%的费用）。这是一个纯粹以移动时刻为基础的商业模式。	• King向想在《糖果传奇》游戏中获取更多生命力的玩家收费。 •财捷集团的TurboTax Snaptax向要获取1040 EZ税务表格的用户收费14.99美元。 • AliveCor向想要获取心电图分析结果的用户收费。
交易及中介费	向每单类似支付的电子交易，或类似打车、零售递送的实体世界服务收取中介费。向电影票预订和餐厅预订等服务收取中介费。	• Square和PayPal向移动提供商收取移动购买中介费。 • Hailo和Uber提供出租车乘车信息，从中收取中介费。 • Hipmunk和FlightStats在其应用中提供预订机票服务，从中收取中介费。
新型移动产品	开发能扩展消费者移动时刻的新型移动产品，包括可穿戴设备或医疗设备。	• Google眼镜将一块移动交互屏幕放置到眼前。 • 三星Galaxy Gear智能手表将控制权交由消费者的手腕。 • 强生血糖仪通过蓝牙连接跟踪携带者的血糖信息。

大多数游戏开发商通过销售游戏赚了钱。在移动设备上，像Minecraft的开发商Mojang，现在仍以这样的方式赢利。另外一些游戏公司Cmune和King已经掌握了广告和应用内购买的方法。《糖果传奇》的开发商King，在2013年7月，通过向购买更多“生命”的玩家收费，日收入达到了633 000美元，玩家交费后

不必再等上30分钟获得免费继续游戏的机会，就可以不断晋级。[5]

Cmune是全球大型的综合性游戏公司，它通过将中国“礼尚往来”的文化融入游戏开发中，来推进应用内购买。在Cmune的游戏中，游戏玩家不能自己购买武器，他只能通过网上支付的方式来租借或者从朋友那里获取礼物。具体是这么操作的：玩家可以免费向朋友的手机中赠送“供应菜单”。这就创造了赠送礼物的移动时刻。就像公司首席执行官卢多维克·博丁所言：“礼物赠送创造了一个收集物品的循环。”接受礼物的人打开虚拟礼物盒就能继续游戏，并回送一个礼物给赠礼者。如果玩家想要玩更多的游戏，那么他需要付费购买或者召集更多朋友。只有5%的玩家会真的付费在应用内购买或租用武器，多数玩家都是凭借强大的朋友圈来获取礼物，这才是实际收益。

另外一个在移动时刻赚钱的手段是在移动设备上聚集并分销内容或服务。例如Flipboard，它将有价值的东西收集起来，然后在移动时刻将它们直接分销出去。

案例分析：Flipboard提供由全彩广告组成的杂志

一百年来，杂志业都是以优质的广告为支撑，在上乘的编排组合中提供精致的内容。看《时代周刊》或最新一期的《Vogue》杂志曾是成人的特权。

接着，网络时代来临。

网络打破了阅读印制精美的纸版杂志的体验。没有人会一直蜷缩在电脑前，也没有人觉得在检索时跳出来的广告精美，更没有人以等待网页加载为乐。网络版杂志成了纸版杂志的像素化呈现。

迈克·麦丘知道他可以做出更好的电子杂志。2011年，迈克和他的伙伴、苹果公司前任工程师埃文·多尔，在体验了直观的触摸屏和iPhone手机上图像的视觉美感后，决定成立一家新公司。他们不停地拷问对方："在我们现有的理解上，如果要将网络搬到手机上，应该如何打造呢？"这个问题的答案是Flipboard，一款社交移动杂志。Flipboard让网络变得更加美丽动人。

在Flipboard上看到的杂志内容与在网页上看到的有很大不同。在Flipboard上，你可以体验色彩饱满的画面，如全色广告等数字内容。你可以像翻阅一本纸版杂志一样在电子版杂志上翻页，也可以抱着平板电脑蜷缩在角落里像翻阅杂志一样浏览Flipboard上的《Vogue》杂志。

但因为它是电子书，所以它是属于你的《Vogue》。你可以停下来与朋友一起分享故事。这些广告在《Vogue》时刻是切合你自己的个性特点和需求的，而不只是回应你上一次浏览的网页。这并非仅仅是像《纽约时报》或《快公司》杂志提供的优质内容。通过Facebook和Twitter，任何人都可以创建属于自己的杂志。或将《葡萄酒观察家》(*Wine Spectator*)的故事与其他酒庄的故事相结合，来创造和分享属于自己的葡萄酒鉴赏杂志。

Flipboard的商业模式就是这样运转的。

Flipboard将内容传递给全球各地的消费者（目前，半数以上的用户在美国境外）。他们根据自己喜欢的新闻、娱乐内容、Facebook和Twitter链接，来打造属于自己的杂志，他们同时也可以浏览Flipboard其他用户创建的600多万份杂志。罗伯特·斯科布尔是一个很受欢迎的博主，他策划的杂志拥有30万名读者。

广告商可以在出版商的"分享之声"栏目购买整页广告。例如，一个服装零售商可以在Flipboard的《细节》杂志上购买两位数百分比的广告空间。除整页广告外，品牌还可以根据从其他渠道获得的内容、故事和图片来制作新的杂志，根据价格标签进行产品分类。已经有100多个品牌在Flipboard上做了推广活动，包括李维斯、思科、雅诗兰黛、古驰、雷克萨斯和塔吉特。

Flipboard对这些品牌杂志进行追踪，一段时间过后，它也可以分析这些品牌杂志的影响力。

Flipboard的目标是将全球价值5 000亿美元的广告市场转移到移动设备上，[6]同时，抓住互联网广告市场的份额，这一份额截止到2018年在美国可达到257亿美元。[7]

如何像具有移动思维的创业者一样思考

Flipboard通过发布广告获取利润，Hailo通过为乘客和出租车司机创建联系来收取中介费，MapMyFitness通过转卖它的开放式健身云及其订阅和广告赚钱。他们都找到了进一步贴近消费者的方式，并为消费者在移动时刻带来了更有价值的服务。你也可以找到。只要遵循三个步骤：保护你的移动时刻，像破坏者一样思考，使用IDEA循环开拓新业务。

保护你的移动时刻

创业者和创新者都在盯着你的移动时刻。在那些本该由你掌握主动权的时刻，什么样的竞争者正在挖走你的客户？ Hotel Tonight是否将你的最佳客户推荐到别的酒店？ Square是否在赚取本该属于你的交易费用？

识别出那些正在饱受威胁的移动时刻并决定如何一一应对：放弃还是主动

出击。你可以在评估风险后选择放弃。也许某种移动时刻在当下还不值得你去追寻。你没有足够的内部支持将移动商务融入你的商店或管理资源中，来创造一个更有价值的移动时刻互动。或许是你认为移动时刻太短暂，不值得你投资，或许是你还不足够了解怎么才能自信地迈出第一步。如果你决定参与到移动时刻中，那就撇开这些思绪，好好思考并开发移动时刻。

像破坏者一样思考

移动时刻打开了一个宝库，里面有服务机会、数据收集和消费者关心的事先通知。除了我们在第三章提到的问题——在哪些地方可以提升服务或消除消费者生活中的摩擦和烦扰？还要问问另外三个能够为移动时刻展现新机会的问题。

你拥有什么样的移动时刻，准备怎样将它们转化成利润？这正是新的商机所在。旅行公司，如赫兹和美国联合航空公司，已经在使用移动时刻来销售升级的车和座位，或为经常旅行的乘客提供此类服务以赢得他们的好感。澳大利亚电信公司为消费者提供接近他们的数据信息或声音特征的额外移动服务包裹，现在澳大利亚电信公司大约每周要处理一万个这样的业务。澳大利亚保险集团的客户平均每八年向公司提出一次索赔，当然这是个小概率事件，但它可以让公司互动形式更为深入，带来产品升级或新的客户。

当你在第一时间发现或洞察到消费者需求的时候，你该做些什么？掌握位置信息可对人们下一步的行动意向做出预测。对于消费者在现实社会中行为习惯的描述数据也有同样的意义。Grocery iQ的消费者使用移动应用程序来设置和管理购物清单。一段时间过后，它还会了解消费者一般会购买什么，并根据数据自动填充每周清单，同时向消费者推荐新的食材。Grocery iQ收集最常用的项目数据，是对杂货店或快速消费品生产公司有价值的数据。

谁能够掌握能打破既有商业模式的移动时刻的发现过程？或许你公司内部有创新工作小组，或许你想创建一个。像沃尔玛、塔吉特和史泰博这样的公司都在向硅谷聚拢，建立自己的创新实验室，汲取创业动力和才能，以及初创公司具有颠覆性的观念。或许这些观点已经蕴含在你提供的服务中。举个例子，当人们习惯使用平板电脑而不是用计算机来上网的时候，你能想象出提供什么样的新服务，且这种新服务正是消费者渴望得到的？

使用IDEA循环开拓业务

一旦你开始像破坏者那样思考，你就可以使用IDEA循环来转变现有的商业模式。

来自公司内部的反对改变的意见会非常强烈，特别是移动应用将客户流量或关注点从传统渠道转移走的时候，比如转到商店或网上。要说服这些反对者，创建移动思维变革的正确要素，就要找到愿意倾听的听众，并快速递送重要且有实用价值的内容。你已经看到美国航空公司和汽车协会联合服务银行如何从一个生命力并不强的产品入手，不断发展，不断学习。它们并没有因为应用程序而改变整个商业模式。你也需要从小处着手。

请记住，如果你仅仅关注现有市场中的消费者，那么你会失去2/3愿意在移动时刻与你互动的人。目前，拥有智能手机的人约为10亿。到2017年，这个数字将变成30亿，而且其中2/3的人不会再用电脑。[8] 在不同的市场领域，这30亿人都将构成一个巨大的新型服务交易系统。而且，这一系统对于那些致力于提供银行储蓄、交易医疗保障和农村教育等服务的发展中经济体而言，应该更具价值。

案例研究：沃达丰为非洲牧民提供移动支付服务

肯尼亚西部的平原看上去和2 000年前差不多。马赛人在这里放牛放羊，在同一片开阔的平原上还生活着斑马、牛羚和黑斑羚。他们生活的木屋没有自来水，没有电，更别提电话线和网线了。没有银行，也没有信用卡，没有方法来存储或寄送货币，马赛人根本就过着没有银行账户的生活。

克莱尔·亚历山德拉清楚地看到了这里的问题。克莱尔是沃达丰M-Pesa商业和战略部门的负责人（M-Pesa移动支付服务可在一些亚非国家使用），曾有两年时间与比尔及梅林达·盖茨基金会合作，致力于改善贫困地区人民的生活水平。

没有银行储蓄的经济体就是现金经济。这是一种非常低效，充斥着腐败和危险的经济模式。工人会为携带现金坐公交回家一事发愁。当运载可口可乐和牙膏的货车走在狭窄的道路上遭抢劫的时候，商业也会因此备受打击。在这种现金经济中，借钱、支付工资、减少渎职现象或收税都是非常困难的事情。正是因为这些问题的存在，设立银行服务成为国家经济工作的重点。但是如何在一个缺乏金融服务基础设施的地方建设银行呢？克莱尔知道她可以有所作为。

克莱尔的自信源自她看到肯尼亚的牧民虽然没有银行账号，却大多拥有手机。在2005年，肯尼亚人就已经使用手机打电话、发短信并有效开展工作。比如，在2008年，肯尼亚狩猎督管员曾通过无线电发短信跟踪一群抢劫农田的大象，这样他们能及时制止一只饥饿的公象破坏庄稼，成为愤怒的农民的攻击目标。[9]

沃达丰的支付服务M-Pesa，已经在亚洲和非洲的一些国家推行。它通过无线网络和当地的代理机构，帮助消费者使用移动手机进行小额支付。在肯尼亚，由移动运营商Safaricom公司运营的M-Pesa，通过85 000个零售店代理向1 900万个客户提供服务。

详细介绍一下它的工作原理。

移动用户通过M-Pesa代理将现金存入他们的账户中。最低可以存入12美分。用户可以将钱汇给他们的家庭成员，甚至是自己，以避免在长途旅行中携带现金。Safaricom公司从每笔交易中收取一定的费用。客户每月的转账金额达数十亿美元，交易费用也不断累积。2013年，M-Pesa占Safaricom服务收入的18%。

克莱尔和她在M-Pesa的同事正努力拓展M-Pesa的服务，包括周期小于30天的贷款和账单支付功能。现在零售商可以通过电子支付的方式付款给经销商。当地的饮料经销商可以安全地将收益从内罗毕带到蒙巴萨。消费者可以在商店借款来支付购买的商品。而在肯尼亚、坦桑尼亚、刚果民主共和国和莫桑比克，没有银行账号但拥有移动手机的农民现在可以放心存储和转出他们的钱。

未来移动时刻将打破更多既有的商业模式

沃达丰公司的M-Pesa是移动设备带来全新生活服务的一个例子。Orange和印度的Reliance通信是另外两家通过使用移动设备来革新经济的大型公司。我们相信，移动设备和网络在未来十年将为发达经济体带来彻底改变。

商业模式总是在不断变化。世界大型公司排行的快速更新说明了跟进市场和科技变化的重要性。2002~2012年，《财富》全球500强企业中，有70%的公司的排名发生了重大变化。[10]技术是世界上最大的变革推动因素，而移动技术是对人类最有力的影响之一。

移动思维变革对商业模式的影响可能十分微妙——价格的压力、消费者未能从手机上找到你们公司品牌的失望、竞争者开启便民服务。但随着时间的推移，在决策和购买的移动时刻，权利向消费者一方的微妙转移可能会侵蚀你现有的商业模式。我们会在第十三章就这种变化的终极影响做详细阐述。

••••••••••••••

移动时刻改变你的销售和营销方式，重新打造产品的掌控和服务，有时甚至会改变你的商业模式。你现在对消费者需求的移动时刻的理解并不深刻，除非你已准备好提供满足他们期待的服务。而这需要对公司的内部平台、流程和人员进行大幅调整。这也是需要辛勤工作和大量投资的地方。这是本书第三部分将要讲述的。我们将在第九章中描述移动思维变革是如何影响你的员工的。

第三部分 移动系统变革

THE MOBILE MIND SHIFT

THE MOBILE

M I N D S H I F T

第九章 **员工转型**

——让员工在移动时刻变得更强大

“我厌倦了向别人说不。”丽贝卡·雅各比在2007年秋天这么说。

丽贝卡是思科系统公司的首席信息官，这家市值490亿美元的高科技公司遍布全球94个国家。这些年来，思科就像其他公司一样，规定其员工只能使用公司电脑和黑莓智能手机办公。但它的员工现在更倾向于使用自己的移动工具：用个人的iPhone来工作，用Dropbox这样的应用程序来储存文件，用Evernote来记录信息，用TripIt来跟踪行程，用Expensify来查看订单。他们也希望通过手机查收工作邮件。

丽贝卡意识到公司需要来一个大幅度的转变。如果公司员工认为他们使用个人手机上的移动应用工作会表现得更优异，那么她就有必要创造条件来满足员工的个性化需求。

因此，她决定为思科的所有员工设立“自带设备”项目（bring-your-own-device）。

传统的劳动技术模型是建立在微软个人电脑和黑莓手机的单一文化基础上的。这让管理变得简单，也更容易保护与企业数据中心服务器中数据库相连的企业应用程序。“自带设备”项目颠覆了这一模式。突然间，商业应用就在个人移动设备上安全运行。企业数据将由此与互联网相连。保障数据安全成为一个复杂的难题。而人力资源部门也面临着应该为哪些使用个人手机和数据计划的员工提供补偿的难题，特别是在瑞士这样个人信息保护法律森严的国家。

因此，丽贝卡和时任思科IT部门高级副总裁希拉·乔丹，精心策划了“自带设备”项目和一个为期多年的应用程序迁移项目。思科的员工现在可以从100款应用程序中选取自己所需，并在个人移动设备中安装思科安全协议，安装过程简单便捷，只需6分钟即可完成。现在，思科支持着69 000个员工个人智能手机和平板电脑，其中包括16 000台iPad。想知道他们是怎么做到这一点的吗？主要是通过以下五项操作原则：

1. 提供在不同设备上都可以运行的应用服务程序，思科在独立于设备的安全模式的支持下拥抱云技术。

2. 像管理产品一样管理劳动技术。思科为每一项服务，如移动、合作或视频通信，都任命了专门的主管，负责收集员工采纳情况及满意程度等方面的信息。

3. 允许所有公司团队自主决定内部补偿准则，可以随商业模式和所在国家的变化而变化。一些团队可以为每个员工购买电话，并为他们制定月度规划，而另外一些团队也许只能提供少量补偿或根本没有补偿。

4. 为每一项服务建立社会化学习和分享体系。思科的技术团队鼓励员工在内部社交网络中互相帮助，而不仅仅是提供设备方面的支持。

5. 让员工承担责任，并让他们变得可信赖。使用个人设备工作的员工必须签署一份合同，确认责任，并承认思科对个人设备上的公司信息有“抹除的权利”。

丽贝卡和希拉知道，她们信任员工会自己选择做正确的事情，这有其效用：某天，思科的一名员工惊慌地打来电话：“我的电话丢了。你能帮我清除上面的数据吗？我的个人照片和银行应用程序都在那个电话上。”这说明这个员工明白清除手机数据、重新开启工作更加安全，他相信思科公司会考虑员工的最佳利益。

丽贝卡还远没有完成她的任务。思科的团队正在忙于寻找和部署一套完整的移动应用程序，以便员工可以在智能手机或平板电脑上完成他们需要做的一切，实现移动办公。

信息工作人员已完成移动思维变革，但雇主并没有

思科是一个先驱。思科的员工思维缜密且具有移动性。保持人员的稳定性，并让员工保持生产力，意味着要不断接受他们喜欢的技术，其中就包括移动设备。这也是丽贝卡和希拉上马“自带设备”项目的原因。

或许你认为你的员工不具备这样的意识，但实际并不是这样。你的员工也希望带上自己的移动设备上班，因为这意味着办公室以外的自由，他们可以在任何地方完成工作。但更多情况下，你的员工在工作中并未实现移动性。员工在个人生活方面享受到的移动性比在工作中享受到的移动性更大。

这个问题不容小觑。目前，全球大约有6.15亿信息工作者，到2016年，

将增至 8.65 亿。[1] 因此，移动设备可以在很大程度上提升生产力。

我们在移动思维变革指标中添加了“移动工作”一项，以观察移动型员工如何工作。分值在 0~100 分之间，根据员工在多少个位置使用移动设备的多少而定。当将这个指数得分与移动思维变革其他指数得分比较时，差异显而易见（见图 9–1）。一个在线美国信息工作人员——每天都要使用电脑或其他设备工作的人——的移动工作平均得分只有 18 分。

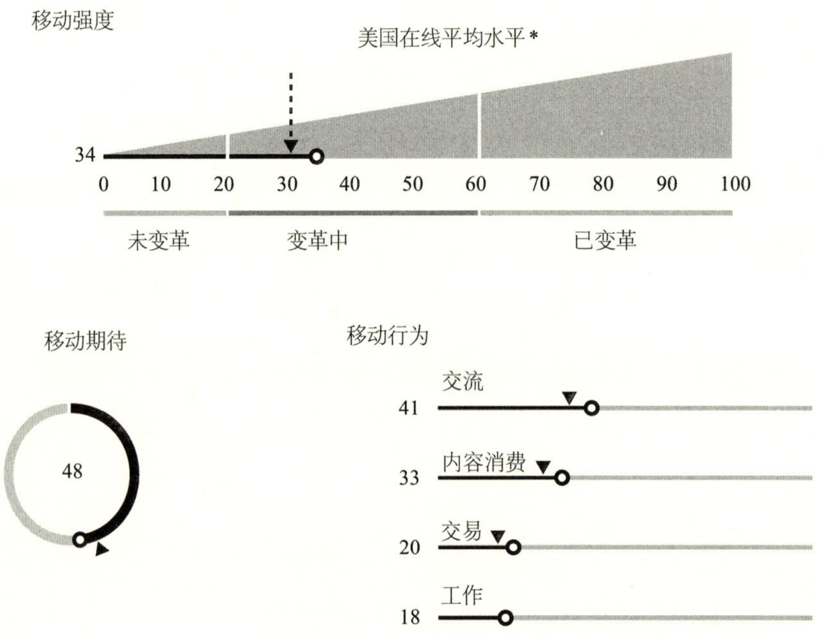

图 9–1　信息工作人员的移动思维变革

样本：4 324 个美国在线信息工作人员（18 岁以上）
＊样本：8 224 个美国在线成人（18 岁以上）
来源：2013 年第三季度美国移动思维变革在线调查
注：移动行为中的“工作”评分仅针对信息工作人员

如果你身处技术行业，或是负责提高员工的工作效率，你应该如何解释这一结果呢？首先，要看到压力来自移动期待得分，移动工作人员的移动期待得分往往高于普通的在线美国成人。这个分值说明信息工作者有深层次的个人动机，让移动思维融入其生活的方方面面，包括工作，他们期望在移动设备上获得能辅助他们工作的应用程序。

其次，请注意，不是每个人在工作时都缺乏移动性。移动工作得分的范围从一般员工的 13 分（见图 9–2）递升到高层管理人员的 35 分，甚至更高。我们知道，高层管理人员在各个方面都需要更有活力。为什么不能让所有信息工作人员都具备这样的能力？他们已经在各处工作了（见图 9–3）。为什么不进一步刺激他们的工作效率呢？

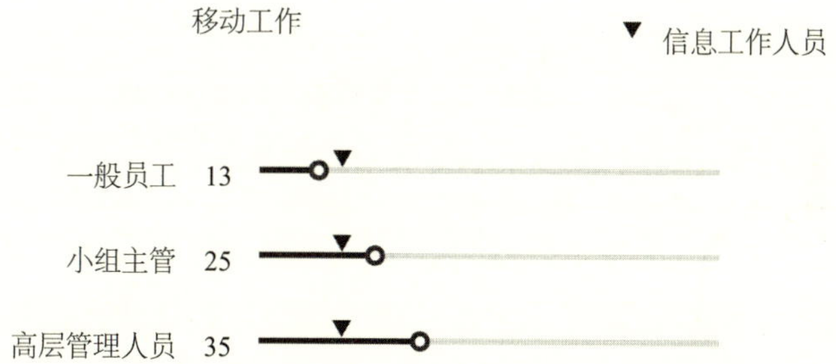

图 9–2　不同信息工作人员的移动工作得分

样本：4 323 个美国在线信息工作人员（18 岁以上）
来源：2013 年第三季度美国移动思维变革在线调查

你该怎么做？你需要为移动型员工提供三个必备条件。

第一，移动型员工需要一个移动工具包。对于像开会、拜访客户、出差和任何不需要在桌前完成的工作而言，智能手机和平板电脑要比笔记本电脑和台式机更适合工作（特别是对那些以消费内容而非生产内容为主的雇员来说）。这

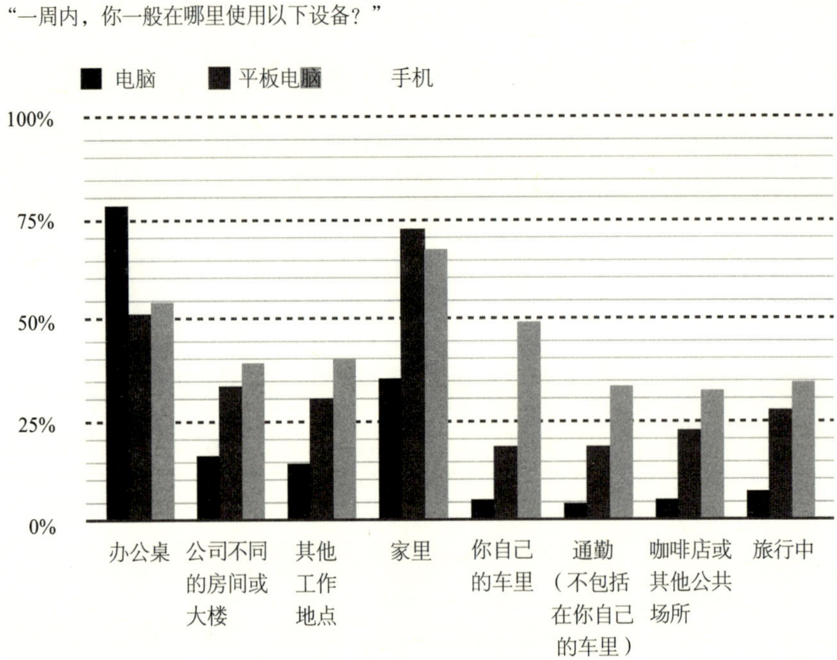

图 9–3　工作场所外的移动设备

样本：美国在线使用特定设备工作的信息工作人员（18 岁以上）
来源：2013 年第三季度美国移动思维变革在线调查

也说明移动型员工希望将几乎每一款工作应用程序放入口袋，而不是仅仅局限于你提供的几款。

第二，有了更好的获取信息的渠道，每一项工作都会有所提升。借助于智能手机和平板电脑，以往总是脱机工作的员工现在也参与到了移动时刻之中。这并非像我们将在第十一章中描述的销售或现场服务之类的工作，而是指所有的工作，甚至包括农民用卫星定位和土壤测量为农作物播撒肥料的过程。[2]

第三，移动设备打破了只在工作日办公的人工界限。泰德的爷爷詹姆斯·霍斯福尔，在康涅狄格州农业实验中心工作了 25 年，他曾说：“你的时间是你自己的，但你的大脑却属于实验室。”[3]换句话说，就是不要问我你是否可以因为个人事务而离开工作岗位这样的问题。无论在哪儿，员工都能完成重要的工作。这一标准本属于科研工作者，移动设备和应用程序将这一标准拓展到了各个工作领域。它们让工作由地点转为内容。

这些力量推动了工作中移动思维的变革和新类别移动应用的兴起。

员工应用程序缺口

为什么你没办法在手机或平板电脑上完成绝大部分工作呢？

从理论上说，你是可以的。这些设备拥有你需要的一切功能，但员工需要的绝大多数应用只能在电脑上打开。在很多公司中，技术部门还在限制应用程序，如在个人设备上无法打开电子邮件附件等。如果限制打开邮件附件，还怎么查看内容呢？

这就导致了我们所说的应用程序差距。公司员工希望能在移动设备上使用应用程序完成工作，却发现很多应用程序不可用。

谁来填补这个缺口呢？公司在尝试，但他们进展得很慢。Evernote在这方面进展迅速，他们帮助人们解决了这类问题。

案例研究：Evernote通过记笔记的方式填补应用程序缺口

菲尔·利宾找到了一个记住东西的好办法：将它们存到Evernote中，这样就可以随时随地翻看了。而这里指的是可以储存一切东西，包括你的购物清单，业务待办事项清单、客户会议通知、网站链接、视频剪辑、照片、邀请函，甚至你在一本纸版杂志上的手写笔记。

Evernote的首席执行官菲尔说："这是世界上最古老的想法了——用技术帮助我们记忆。"从岩石壁画到移动笔记，菲尔认为贯穿始终的道理是："在需要想起的时候，我们都有记录。"

2008年，Evernote在菲尔和创始人斯泰潘·帕奇科夫的领导下，设计了一款简单的笔记应用，在电脑、浏览器或移动设备上都能使用。现在，Evernote这款应用弥补了8 000多万名客户在移动时刻无法记笔记的缺憾。Evernote还与3M和扫描仪制造商富士康之类的公司合作，将电子笔记与真实世界中的纸和扫描仪相结合。在前几年，Evernote还将"纸"视为产品的对立面，现在它已经在努力帮助其消费者保持"纸张写作的优雅"，并将纸页作为Evernote的特色功能，就像你做的笔记一样，Evernote将信息永远存放在你的移动设备中。

甚至连世界著名的纸质笔记本公司Moleskine都希望与Evernote合作。为什么呢？Moleskine的联合创始人玛利亚·塞布雷贡迪认为，这是因为"我们要不断在数字世界和现实世界中穿梭，这就是我们的生活"。她的目标是为消费者在任何需要记笔记的时刻提供服务。

Evernote掌握了移动思维变革的一大秘诀：无论在现实世界还是在虚拟世界，只要消费者需要，就为他们提供服务，这样他们才能成为回头客。如果他们想要在Moleskine笔记本或便利贴上记笔记，但要在Evernote应用中找到它们，Evernote会及时提供服务。

跟随员工的领导来填补应用程序的缺口

Evernote只是适合在工作过程中的移动时刻使用的应用程序之一。Google文档、SlideShark、Skype也是。公司员工使用这类应用程序就可以随处在手机或平板电脑上开展工作，甚至自费工作。事实上，北美51%的信息工作人员自费使用移动设备或应用程序工作。[4]这里有一个反映这一趋势的例子：IT的消费化。

填补应用程序缺口的方法之一就是跟随公司员工领导。看看公司的员工都在使用什么样的应用程序，然后想办法在这些应用程序中添加必要的业务特色和安全保障。在很多情况下，都是先推出一款免费的应用程序给受众，然后会推出一个付费的企业版本，允许企业来管理使用情况和安全性。更值得称赞的是，技术管理人员可以接受既能解决个人问题又能解决工作问题的应用，允许员工将这两类问题分开。云储存Dropbox就是这样的移动应用。

截止到2013年11月，拥有两亿用户的Dropbox的发展势头与Facebook相当。[5]而移动时刻也点燃了Dropbox。就像公司的联合创始人兼首席执行官德鲁·休斯顿告诉我们的那样："我始终记得我第一次使用iPhone时的情景，我发现它有一个明显的缺陷。我没办法在手机上获取或保存我的文件。"Dropbox通过移动应用，让用户手机和Dropbox之间实现同步，解决了这个问题。将照片、文档或视频存放在Dropbox的云储存中，你就可以用电脑、手机或平板电脑在任何地方观看。现在，其他公司的开发者已经建立了10多万款应用程序，它们都依托消费者的Dropbox来储存和检索文件。为方便技术管理，Dropbox将个人文件和工作文件分别储存。[6]

表 9–1　将个人活动和工作相链接的应用程序

需求	满足需求的应用程序
记笔记	Evernote，微软 OneNote
文件共享与同步	Box，Dropbox，Google Drive，微软 OneDrive
视频会议	Skype，FuzeBox
旅行服务	TripIt，Hipmunk
开支记录	Expensify，ExpenseIt
工作报告	SlideShark，Apple Keynote
合作	Google Docs，Huddle，JoinMe
项目管理	Smartsheet，Trello

我们相信这将是未来业务应用程序的特色。人们在走进和走出公司大门的时候不再需要切换大脑状态。他们也不必再为工作和生活而改换应用程序工具。你和你的员工拥有这类应用程序（见表 9–1）。

使用IDEA循环来寻找移动高产时刻

像Evernote和Dropbox这样的应用程序不能满足公司员工各个方面的需求。或许你的公司已经在电脑上安装了公司应用来提高员工的工作效率，比如消费者关系管理系统、金融软件和交易数据库。如果真的想要提高移动思维变革的员工的生产力，公司还要在为客户定制的一些移动应用程序上做些投资。

如果你要为公司员工开发应用程序，那就采用为消费者开发应用程序而设计的计划方案——IDEA循环。但这个IDEA循环是为信息工作人员定制的。开发一款面向员工的应用程序，要先识别移动时刻：

1. 识别嵌入到工作时间中的移动时刻。

2. 设计移动互动，而这些互动是建立在公司和员工利益之上的。

3. 在云存储中建立移动应用程序。

4. 分析员工怎样工作才能实现影响最优化。

步骤 1：识别嵌入到工作时间中的移动时刻

如何识别公司员工的移动时刻呢？一起来看看葡萄酒和烈酒贸易的例子吧。

一个典型的传统葡萄酒酒庄的老板应该是一个销售专家——她知道怎么卖酒。如果有个系统能帮助她跟踪销售记录的话，那么她就可以将业务办理得更好。这也是星座公司现在正在做的，星座公司是雷文斯伍德红酒、蒙大维红酒、科罗娜啤酒和黑天鹅绒香槟的承办商。

星座公司的一个销售人员走进一个酒庄，手中平板电脑上的应用可以帮助他解释为什么一个特定的品牌能够做好推广，该区域内最成功的葡萄酒销售商的产品组合是什么，某一家商店与去年同期相比销售情况如何。而这些数据让对话从“你想要多少案例？”变为“我们该如何让你的利润实现最大化？”

这款平板电脑的应用程序是基于Roambi开发的，该应用程序我们已经在第一章中介绍过。星座公司信息传递部门副总裁阿努希尔·库马尔将Roambi改编后，引进到他的销售团队中。这一应用已经在全美150个销售团队中获得成功，商业领导人和其他销售团队也准备使用这一应用。甚至运营会议上的高管们也在使用这一应用来发现和解决问题。

如果你正在寻找移动时刻，就应该像阿努希尔那样，多问问自己几个问题。

首先，我们在哪里可以解决员工遇见的问题？员工经常自己解决他们的问题，但不代表你可以停止对他们的帮助。这就是阿努希尔利用Roambi应用程序所做的工作：将数据引入销售互动中。许多在电脑上完成的事情，特别是搜索、阅读、审查，都可以在移动设备上完成。只要你愿意搜索它们。

其次，我们通过哪些途径来解决业务问题？你要让业务人员为生产力和收益负责，同时，让技术人员理解移动时刻？一个领域的技术人员登录到工作网页，你如何在他访问页面的过程中，植入数据，帮助他完成任务？我们将在第十一章介绍Dish Network如何利用现场服务类应用程序做到了这一点。你用同样的方式，也可以帮助手工劳动者，比如收集收据或完成档案文书工作。用手机拍摄的照片也能完成此类目标吗？

因循规律来寻找隐藏在平常生活中的移动时刻。你将让你的员工和你的公司都变得更有效率。

步骤2：在员工和公司利益的基础上，设计移动互动

员工移动思维变革的前提是，他们在工作时使用的应用程序和他们在闲暇时间使用的应用程序一样易于操作。如果不是这样的话，他们就不会使用。

但对于传统的企业软件大型供应商来说，一般交易完成后才会考虑用户体验的问题。这种挑战对移动思维而言尤其困难。相比针对客户开发的应用程序，一款针对员工的移动应用程序需要更加简单和直观。同时，它还要充分利用员工身处的环境——特别是他们所在的位置和进一步需要做的事情——优化数据和界面，尽量简化操作过程。设计一款合适的移动互动，需要不断地削减应用程序的功能。

你怎么确定要开发哪些移动应用程序，这些应用程序应具备怎样的功能

呢？使用我们在第三章中介绍的评价矩阵的修订版来评估公司员工的移动时刻。优先考虑移动应用程序，特别是那些能够给公司和员工带来最大价值的特色功能（见表 9–2）。这样一来，你就可以在移动时刻协调公司的目标和员工的动机。

如果你在移动时刻提供的服务能够帮助到员工，同时对你而言也有价值，如电子邮件、文件同步与分享，或现场服务，那么就要优先推广这种服务。如果应用程序对你的员工有帮助，但它本身的商业影响并不清晰，那么你最好相

表 9–2　在价值体系中衡量移动应用程序及其功能

分值：1（完全不同意）~5（完全同意）。将各因素得分相加，获得总分。

对员工的利益	得分
该应用程序或网站能够提供提升员工体验。	
该应用程序或网站能够在员工喜欢的手机或平板电脑上运行。	
该应用程序或网站能够帮助员工在短时间内完成工作计划。	
该应用程序或网站能够利用情境来提供更好的体验。	
最终得分	

对公司的价值	得分
该应用程序或网站能极大地提升员工工作效率。	
该应用程序或网站能简化工作流程。	
该应用程序或网站能提供员工需要的一切资源，帮助其完成工作。	
该应用程序或网站能够让员工保持生活或工作上的平衡。	
最终得分	

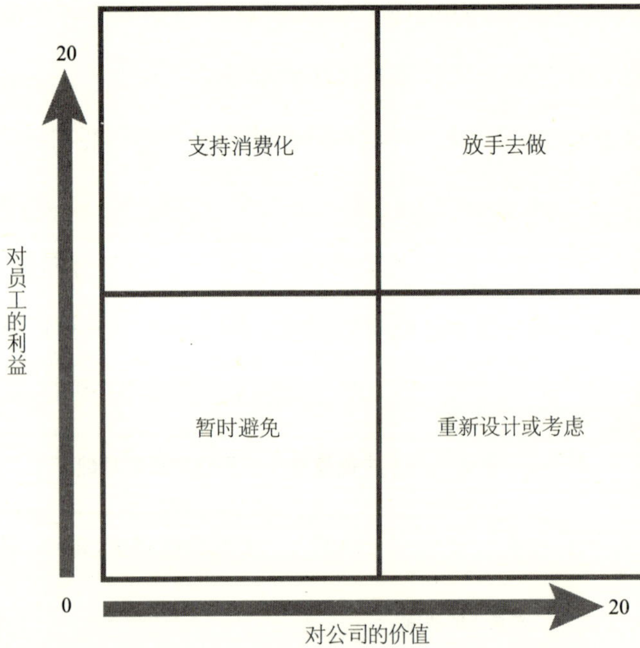

信员工的选择。如果应用程序对公司而言非常有价值，但员工觉得它用起来很不方便，那么你需要为移动时刻重新打造它。最后，如果某个移动时刻对你来说不是那么重要，对你的员工也毫无帮助，那么，别管它吸引力有多大，忘记它吧，优先开发其他程序。

有了这样的分析，你要修改之前在IDEA循环识别步骤中列举的移动时刻和移动应用名录，只保留那些在IDEA循环中最有价值的应用程序即可。

步骤3：在云设备中建立移动应用程序

为了提升公司员工在移动设备上的工作能力，你需要运营一个系统，来促进云供应商数据中心内的移动应用的发展，没有比在移动时刻为员工提供服务更好的方式了。传统的内部交流和文件协同工具已不能够满足移动员工群体的需求。Google、IBM、微软以及Salesforce.com已经为移动型工作人员建立了云托管平台。对于他们来说，竞争在于将公司向云平台转移。

西班牙对外银行（BBVA）采用了Google邮件和协作服务，帮助分布在26个国家的110 000名员工在移动时刻实现合作。用该银行首席信息官何塞·奥拉利亚的话来说："我们一直在寻找一种技术，它将改变我们的业务经营方式，而不仅仅是提高我们员工的工作效率。（Google应用程序）将推行一种新的工作方式——员工只需点击一下就有机会获得所需的全部信息。无论他们在哪里，都可以体验到使用先进协作工具的好处。"[7]

在接下来的三章，我们将介绍支持这类移动应用程序的三个必要条件：建立平台，改造流程，组织人员。建立强大的针对员工的移动应用程序同建立针对消费者的移动应用程序同样重要。

步骤4：分析员工工作方式，优化应用程序功能

针对公司员工开发的移动应用程序是如何运作的呢？在什么环节能完成大部分任务？又在哪些环节受到阻碍而停滞不前？这些答案只有你实地调研才会知晓。

思科曾调查员工对公司合作技术服务的使用率和满意程度。美国一家大型政府机构的首席信息官，将机构员工在使用Google应用前后的工作情况进行比较，以期发现问题所在，以及新的互动系统能否帮助解决这些问题。若没有数据分析，技术部门只能凭空猜测公司为员工购买的新技术是否成功。

分析是测量移动应用程序的效率和表现的重要环节，它对于针对工作人员开发的应用程序和针对消费者开发的应用来说同等重要。在下一章，我们将会

进一步学习如何利用分析结果。一个医疗保健产品的销售员在销售家用康复服务时，可以利用应用程序提供的测量数据，来判断在什么时间段不太可能说服病人家属购买该产品。他们通过这样的方式实现了对销售活动的直观观察，不再只是聚焦成功的营销案例。为什么？因为移动应用程序会自动记录访问信息。有了这些信息，销售管理团队能够确认哪些医院、在哪些时段或哪些销售人员最有可能产生订单业务，然后应用到实际销售中，提高销售数量。

移动工作如何改变公司文化

当公司员工使用公司提供的或是自己的移动应用程序来改变工作方式的时候，对你的公司会有什么影响呢？员工会对公司和他们自己有不同的期待。他们将改变公司的文化。

我们已经辨识出移动时刻对公司文化带来的三种改变：对直接行动的偏爱，自发组织的发展，每个员工信息能力的拓展。我们将对这三种变化做深入分析。

移动设备创造出一种直接行动的文化

移动设备为“现在就动手解决”的行为助力。使用移动设备，任何员工都可以得到数据支持、寻求帮助、获取答案、分享工作成果，并在当下解决问题。

关于这种直接采取行动的文化，没有哪个例子比美国国防部的非军事救灾行动小组更形象了。

灾难过后，人们的行为往往比较慌乱，就像我们在 2010 年海地地震和 2011

年日本东北部大地震时看到的情景那样。成千上万个救援组织蜂拥到灾区救助。通信网络参差不齐，移动设备，而不是电脑，成为灾区人员最重要的信息通信工具。这也是美国国防部设计“所有参与方接入网络”（All Partners Access Network，以下简称APAN）计划诞生的背景。[8]

美国国防部APAN计划技术总监杰里·贾尔斯，曾花费大量的时间研究开发能在灾区使用的技术系统。他知道移动设备在孟加拉国、中国、海地和尼日利亚等国的使用较广泛，而笔记本电脑的普及率则相对较低。杰里解释说在灾难期间移动设备是“人道主义救援人员获取信息、协调服务和信息交流的主要工具”。2011年，他在移动时刻植入APAN聊天应用，以“响应任何设备”。最近APAN聊天应用被用来支持尼日利亚海军打击海盗的行动。很多直接行动与合作通过移动设备上的APAN聊天应用交流沟通后展开。现在，已经有1 500个不同组织的5万名军人和平民在使用APAN为移动设备设计的社交网络工具、文件储存、搜索、地图、翻译功能，来协调他们彼此间的机密信息共享和合作。

在海地，APAN社区使用Zimbra公司的软件平台来协调300支救援组织与美国军方的行动。在灾区现场，偏远地区的数万名救援人员和军事分析家上传3 500张反映问题的图片，帮助将食物和医疗救助送到最需要的地方。在一个案例中，一个医院工作人员在APAN社区上公示医院有空床位，美国军方和救援组织因此向医院运送了上千名病患。[9]

你的公司不是像海地这样的震后灾区，但公司的员工当下也在做出决定。员工若有更多途径获取信息，无论他们人在那里，都可以更快、更自信地行动。在获得移动应用支持后，公司员工将学习到如何更快更直接地采取行动，就像利用APAN的军事和救援人员一样。

员工协作和自我组织

当人们能够在任何设备上彼此协调行动的时候，就能够提升彼此间的合作质量。

通过Tijuana Flats公司的例子，我们可以看到员工自我协调多么有效。Tijuana Flats公司有100家Tex-Mex餐厅，这意味着有100个地方的厨师、收银员和服务生需要排班，这种安排可能影响整个餐厅品牌的营销效果。

典型的自上而下的分配方式可能导致员工对管理人员的怨愤。公司员工经常希望自行安排工作。管理者与其浪费时间追踪员工的上班情况，不如花更多时间与客户沟通。

自从公司技术总监达林·海西引进一款名为“HotSchedules”的移动应用系统后，情况就有所改观。这款应用程序代替了公司长久以来使用的电子表格和文件备忘录。HotSchedules于2009年发布iPhone版应用，随后也发布了安卓和黑莓系统支持的应用。这样很方便，因为很多餐厅的许多员工并没有电脑，却人手一部智能手机。经理在应用上公布工作时间表。下载了HotSchedules的员工可以迅速查看他们的排班表、及时更换并找人代班。这完全是员工的自发组织，而且他们工作更有效率，也更开心。而这种高昂的工作热情，必然会让顾客满意。

每一名员工都成为信息工作者

随着电脑在职场的普及，很多大公司的员工都成为信息工作人员。客户服务、销售、研究、产品开发、市场营销、财务——这些工作大多都是公司员工在电脑上完成的。但在移动思维变革发生后，每个员工都可以成为信息工作人员，利用移动设备完成工作。这将产生一系列后续影响：你的员工要能适应移动技术，哪怕只是现场提供服务的工作人员。

以中国东方航空公司的地勤保障人员为例。东方航空公司是一家快速成长的企业，每天有3 000次航班，载客量达25万人。公司的首席信息官蔡阳在2009年刚到公司工作的时候，东航8 000名负责托运行李、水、燃料的地勤工作人员和乘客服务人员，其服务的登机口和时间是固定的。一旦航班未能按时到达，这些机组人员要么无聊地打发时间，要么忙得四脚朝天。

蔡阳认为给这8 000名地勤人员配备智能手机能够提高他们的工作效率，保障工作安全。东方航空公司现在通过实时调度程序，根据适当的人员安排，来处理飞机到达时的所有任务。完成这些任务后，员工在智能手机上更新他们的工作状态，表示他们可以为下一次航班服务。蔡阳认为："移动手机改变了每一项工作只能定时定点完成的工作状态。我们仍然需要让工作人员轮班，但我们无须再安排他们每一天的工作，甚至每一个小时的工作。我们实现了对工作人员的实时调配。"

蔡阳在开发了针对地勤人员的应用程序后，又在维修员工中推行了相似的应用系统。因此，现在东方航空清楚地了解每一项维修任务的耗时。这些信息汇聚成一个巨大的数据库，让东航能够及时发现并解决问题，减少飞机在地面上滞留的时间。

目前，东方航空已经在公司各个部门推行了300款移动应用，包括市场营销与销售，客舱和地面服务，航班运营，维修和保养，以及后台服务等。蔡阳说："对于移动设备的需求不断涌入。我们对未来三年的发展有清晰的发展脉络。这是一个业务转型。我们总是从过程，而不是从应用程序本身入手来转变。”

很多工作人员并非传统意义上的“信息工作人员”，但中国东方航空公司却将应用程序推广到他们的工作中。在传统制造业中，一个车间工人为完成特定任务，可使用平板电脑来为机床编程。一个维修技师在卡特彼勒D7推土机的驾驶间工作，他可以通过平板电脑操作由西门子电脑支持的设计工具检查3D制造图，发现隐藏在操作中的不易发现的问题。

如果这些移动员工也恰恰是信息工作人员，他们就可以利用业务信息和系统对外为消费者服务，对内改进工作流程和操作。

电脑和互联网正在努力简化程序，方便信息工作人员交流和交换信息，移动设备和无线网将该便利推及到了每一名员工。其结果是，指挥和控制层的传统责任会不断变化，就像救灾时的APAN和Tijuana Flats的餐馆工作人员那样。这对公司管理者来说是一个好结果，因为更多劳动力聚集到了一个能够直接展开合作的地方。

我们已经向你展示了在移动时刻如何为员工提供服务。既然我们已经为你的业务向移动思维变革奠定了基础，那么接下来将要介绍如何构建你的业务平台、流程及人员。在第十章，我们会告诉你如何为移动时刻重构你的技术平台。

THE MOBILE

M I N D S H I F T

第十章 技术平台变革

——移动时刻需要一个全新的技术方案

假如你是诺德斯特龙的男装销售员，你已经花了几年时间与那些珍视你意见的消费者建立了联系，比如他们也会听取你关于最新款Canali皮夹克和真丝领带的意见。但是现在的情况却有所不同了，顾客不必在等着试穿的间歇和你讨论领带的样式，他们会在这段时间查看手机上的各种信息。这种无交流状态可能一直持续到结账，你失去了和他们交流的机会。

诺德斯特龙的使命是服务、挑选、质量和品质。让顾客排长队等待付款无疑有辱这一使命。然而，自1901年诺德斯特龙在西雅图一条雾蒙蒙的街道上以一家鞋店创业以来，排队付款就是它完成交易的唯一方式。直到有一天，这种局面有所改变。

在移动思维变革中，店员希望能在最关键的提供服务的现场获得顾客和产品的关键信息。如果诺德斯特龙能够开发出一种包含上述信息的移动终端系统，店员就能在保持与客户互动的基础上，提升客户体验，公司业绩也可能会有所增长。

2010年，诺德斯特龙启动了一项移动付款项目，专门方便顾客结账，并希望在仅仅8个月后的公司夏季周年庆促销活动时推出。这是一个极为艰巨的任务，但公司IT团队的副总裁、有着30年经验的技术老兵约翰·梅菲尔德，愿意推进该项目。

几十年来，诺德斯特龙都将技术——财务审计、库存管理、员工考核——视为精力成本。约翰说："我们是时尚零售商，不是技术公司。"移动结账服务需要很多新的尝试：投资一项新技术，在顾客需要的时候，随时随地为他们服务。

我们已经在第二章中介绍了Alex and Ani使用的移动结账应用。但在诺德斯特龙，要考虑到我们谈论的是一家具有112年历史的公司，不是一个刚刚成立的普通零售店，它的技术系统已沿用多年。而在诺德斯特龙发生的一切让包括约翰·梅菲尔德在内的所有人都大为惊讶：单单一个移动应用，就让诺德斯特龙转变了对新技术投资风险的看法。

凭借领导层的全力支持，诺德斯特龙和它的技术开发合作者在7月周年庆之前，为117家商店的员工配发了6 000个移动销售终端设备。公司将移动设备交到零售店员工的手上，这样就可以掌握店内任何一位顾客的动态，无论是在试衣间试衣服，考虑要不要再买一双鞋，还是在一天血拼后坐在板凳上休息。

诺德斯特龙为员工们配备的是装有Infinite Peripherals信用卡读卡机的iPod。它利用一家名叫"MobileIron"的初创公司开发的软件，来管理iPod。iPod使用的是诺德斯特龙早就为消费者提供的无线网络。当然不要忘了其中的困难：开发一个驱动应用程序的系统。诺德斯特龙雇用了Infosys，将现有交易和零售终端系统相结合，以实现这一目标。

看上去这么做工作量很大，确实也很大，但很值得去做。在诺德斯特龙2012年第二季度的财务报表中，同一店面的销售额同比增长了15.3%。[1]借助移动应用，员工为客户提供了更好的店内服务和体验，这是最重要的。

诺德斯特龙从为销售人员配备移动设备入手，最终打造了一个建立新型业务方式的平台。约翰说："一切都变了：员工、文化、风险、过程、工具和技术。我们改变了自己的思维模式：可以发展得快一些，承担更多风险。"现在不仅仅是诺德斯特龙的客户正在发生移动思维变革。整个公司的管理人员和员工都在发生变革。

伟大的移动时刻的四个技术要求

为什么在推出移动销售终端系统后，诺德斯特龙的"一切都变了"呢？特别是，为什么公司的技术使用发生了变化？诺德斯特龙，以及赢得移动时刻的其他公司，其技术人员使用的是一套明显不同于此前投资公司所用的技术。这些公司的技术专家始终牢记四个原则，以赢得移动时刻。

第一，对于首次使用的人来说，应用程序必须直观明了。移动应用的设计应从人际互动入手，而不是单纯地做一个数据库。它的目标是帮助人们尽快完成任务，无须培训。这需要一个完全不同的思维方式和方法，来传递信息并完成交易。这需要对人和其所处情境有深刻的理解，就像我们在第二章和第三章中描述的那样。

第二，这个应用程序必须是任务导向的。它需要提供足够的信息和操作按钮，帮助人们采取下一步行动。移动时刻既简洁又有针对性。为了能在移动时刻取得胜利，数据和业务程序需要“最简化”，仅仅满足当时所需。不要利用额外的链接、屏幕广告或数据区来完成这一任务。

第三，必须在客户情境中提供这种体验。公司员工了解客户的位置、他的偏好及此前的行为，那就可以利用这些信息，帮助客户采取最有可能的下一步行动。这些信息、内容或洞见可能来自公司内部系统，也可能从业务伙伴或服务提供商那里获取，如Google或Adobe。

第四，技术平台需要有一定的发展空间，来满足客户时间安排和期待。客户掌握的技术有一定的韧性。他们一天中随时都可能使用应用程序，并且没有预先安排升级时间。这会导致需求和使用上的高峰。

你的技术没有为移动思维变革及其未知影响做好准备

30年来，公司建立了技术系统，支持员工办公桌上的个人电脑，之后还包括电脑上的网络系统。他们开发软件系统，将这些工具和大公司记录客户资料和库存的系统相连接。这样做的结果是，目前大部分公司的技术都很复杂、冗余，甚至过时，并不适合向移动思维变革。

个人电脑和网页上的技术系统，并不会延伸到移动时刻中。

复杂的交易系统并不适用于简洁的移动体验。那些系统是给成天伏案工作、处理复杂流程的员工设计的，而不是针对在无线网络不稳定的情况下用移动程序迅速采取行动的消费者的。他们在移动时刻用不着那些曲折繁复的、有任务压力的、要有一定知识背景才能操作的应用程序。

你公司的技术能力无法处理交易量激增的情况。那个系统只能处理稳定的、可预测的负荷。成功的移动应用可以驱动10倍的登录和交易。美国汽车协会联合服务银行不断扩展它的负荷能力，因为它的移动应用能够负荷的交易量是公司预估交易量的6倍。[2] 你的系统能满足这种需求吗？某银行首席信息官担心若股票市场受到重创，整个银行的核心交易系统会崩溃。

单独的移动应用程序很难提供新服务。比如，如果公司的客户数据不与公司存货或订单管理系统相联，你就无法根据客户忠诚度和偏好来打造定制服务并合理制定服务价格。

在你将产品的内容系统和流程推进新的合作方案的时候，它们会对你形成制约。在移动思维变革中，人们不会耐心等待下载网页信息，也不会容忍繁重的内容体验。

那些孤立的数据无法满足实时的互动分析的要求。在移动思维变革中，分析不可能在业务完成后进行，它必须融入整个互动系统。

这些预料之外的后果可能会淹没你的移动时刻。移动思维变革要求创新。现有公司应用程序的复杂性和已有的技术架构无法支持这种创新。你需要一个专门为移动时刻设计的新的技术方法。

案例分析：Concur在云技术平台上与商务旅客互动

史蒂夫·辛格知道为强大的移动时刻建立技术平台所面临的挑战。在将他的整个公司和所有客户转至技术平台的过程中，他着实领教了这些挑战。

史蒂夫是Concur技术公司的首席执行官和联合创始人。Concur公司帮助公司和政府机构管理商务差旅的预订和花费。Concur的技术平台被史蒂夫称为

"Concur旅行和消费云"（Concur Travel and Expense Cloud，以下简称T&E云），是专为满足移动时刻需求而定做的：它支持应用程序，让旅客能专注于一些任务，并快速完成。T&E云本身很复杂，但在Concur，这种复杂性针对的是后台的产品服务人员，而不是针对用户界面，因为那些急匆匆的商旅人士是没有时间浪费在复杂的应用程序上的。为了简化操作程序，Concur公司将40%的研发预算投入到应用程序中，而剩下的60%的预算投入到提供服务的云技术平台上。

公司战略和技术平台的成功反映在公司的快速增长上，自1993年成立以来，到2013年，这20年中，公司收益超过了5.4亿美元。

Concur的云技术平台有四大好处。第一，由于每个客户在云平台中运行的Concur软件都是一样的，技术开发人员可以持续不断地提供服务，并每天推出新的服务项目。第二，Concur服务聚集了很多旅行供应商，包括航空公司、酒店、汽车服务和火车订票，来提供一个整体的旅行体验。第三，Concur的云服务平台已经为特殊情况下订单激增的情况做好准备，比如暴风雪天气导致大量班机延误，冲击航空旅行系统。第四，现代化的T&E云致力于满足商务旅行者的需求，他们是地球上移动性最强的人。

Concur将商务旅行者和花费管理的应用放在所有精密的云技术的最前端。今天，Concur公司的T&E云包含了几十个应用程序，包括Concur自身开发的移动应用和第三方应用程序。利用使用T&E云的所有应用和客户，公司可以获得大量的数据反馈。公司将对数据的深层分析并入平台和公司战略中。目前，T&E拥有2 000万商务旅行者的信息，这一庞大数据库给了Concur一个强大的分析引擎，来帮助管理者优化费用管理，并在整个旅行生态系统中定制个性化旅行体验。

与T&E云相结合的所有应用中，最流行的是TripIt。它是一款手机应用程序，帮助旅行者规划旅程，管理旅行路线，为延迟行程的人更改航班，甚至可以提醒旅行者更换价位较低的票，为旅行者节省开支。TripIt目前有1 000万用户，这一数字还在不断增长。

史蒂夫特别喜欢TripIt，于是他收购了这家公司。有T&E云为TripIt做后盾，史蒂夫认为他可以进一步拓展TripIt应用程序的功能。

Concur需要权衡两种技术来提升功能：一方面是云中精密、复杂的软件和分析系统，另一方面是为旅行者提供简单又快捷的应用程序。伟大的移动时刻只有建立在强大且不断改进的平台上，才能真正到来。

移动思维变革需要新技术方法

史蒂夫·辛格和约翰·梅菲尔德发现，他们的公司现在使用的技术都未被设计成在移动时刻服务消费者。弗雷斯特的分析师约翰·C·麦卡锡已对公司信息系统研究了至少25年，他说："如果你想在移动时刻取得成就，就必须要建立一整套新的数字平台。"在移动思维变革的过程中，公司需要对整个技术方法进行大刀阔斧的改革（见表10–1）。

Concur和诺德斯特龙意识到移动需要对互动系统进行投资，而该互动系统应专注于消费者和他们所处的背景及面临的任务，而不是专注于内部流程或数据库。

移动时刻的技术平台与公司用来记录业务的传统系统有所不同。传统上公司用来管理后台和核心业务——比如诺德斯特龙的仓储系统或美国航空公司的预订系统——的记录和交易系统，是商业真谛无可置疑的指示剂。但是，这些系统，及其支持的业务过程，无法完成使用移动设备的人需要完成的快速、频繁和最简化的任务。

表 10–1　移动思维变革将为技术带来根本性变革

	在个人电脑和网络时代	在移动思维变革时代
技术是做什么的?	帮助办公室的员工和忠实客户在个人电脑或浏览器上实现自助服务。	积极主动地为客户和员工在即时情境和他们需要的时刻提供服务。
你什么时候会关心技术?	对业务要求进行反思。	在整个项目运行中，都要考虑技术，因为技术是关键的推动因素和执行组件。
谁负责技术?	公司IT部门。	公司技术管理部门和业务员工。
软件在哪里运行?	在服务器上或数据中心的软件上。	由其他供应商提供的云平台上的软件服务，这一职能日益凸显。

相比之下，移动应用程序关注的是人本身，而不是内部流程。它们利用移动、社交、云计算和分析技术来直接为消费者提供服务。Google Now可以向你发出警告："走快点儿，要不然会误了火车。"这意味着技术可以利用消费者的移动设备提供他们所需的服务。同样意味着公司在任何网络状况下，在任何移动设备上，在任一情境中都要快速做出回应。

移动时刻技术方案的元素

建立一个移动应用程序并将其嫁接到现有交易系统中，并不能填充互动的缺口。要凭借独特要求赢得移动时刻，企业高管、技术管理人员都要提供资金，创建、管理下一代技术平台，提供互动经验。这一技术战略有四个基本要素：1）掌握一系列新的互动技术；2）建立一个基于云技术的集成和发送平台；3）

简化现有交易系统中检索数据的程序；4）将全面分析能力应用到实际中。

新的互动技术

多年来，公司一直在投资一些支持移动时刻的技术，比如云传输和移动应用。其他技术是全新的。还有新技术在不断涌现。这些技术在移动思维变革时代获得了新一层重要意义，因为，你必须在移动时刻将所有技术弥合在一起，以提供最好的服务。以下是这些技术名录：

- **设备。**设备传感器和无线广播产生了一系列关于人们在做什么的数据。一旦你赢得了对方的信任，他与你分享了信息，你就可以知道他开的零售店的地点，甚至可以精确到他站在哪一条走廊里。蓝牙和无线连接可以进一步拓展可穿戴设备，或像Nest温控器之类的连接性产品，可以收集到的数据。

- **移动应用程序。**移动应用程序在设备的交互体验方面表现卓著。利用移动应用程序，你可以为消费者提供深层的互动体验，即使在他们下线后。若是移动思维变革真正来袭，应用商店中现有的数百万个应用程序可能会衍生为数千万个。

- **移动网站。**任何使用智能手机或平板电脑的用户打开设备就能看到移动网站界面。如果你不知道人们在使用什么样的设备，或者你期望你的互动模式被消费者发现并使用，那么移动网站可能比应用更适合你。

- **内容管理和传输系统。**在移动思维变革过程中，你需要优化内容，将内容传输到各式各样的网络和设备上。ESPN、BBC和《纽约时报》等网站近半数的访问量来自移动设备和应用程序。[3]你需要一个新的内容系统来应对这种复杂性，并对内容结构有更细微的观察。

• **社交网络链接**。真实的生活是社会性的。移动时刻存在于社会情境中。缺乏分享的移动互动是不完整的。比如，TripIt可以让你更新Facebook或LinkedIn的状态，或者你也可以通过应用程序与家人、朋友、同事分享旅行信息。

• **反馈**。与其让人在Twitter上吐槽，还不如在他们有需要时提供帮助。对于消费者和企业客户来说，你需要找到解决问题的方法，和需要帮助的客户交谈。亚马逊就是此类技术标杆，它在Kindle Fire平板电脑中，增加了Mayday视频聊天功能。

一个基于云计算的信息收集和传递平台

仅仅掌握技术是不够的。你还需要一个更好的方式来提供服务。在由内部系统和外部伙伴结合而成的系统中，要想提供迅捷服务，就要投资构建新的移动平台。这个移动平台的架构包含以下要素：

• **互动平台**。操作网页的软件平台包括三个层面：浏览器、应用服务器和数据库。移动传输需要更为复杂的四层软件结构，我们称之为“互动平台”。[4] 弗雷斯特研究公司分析师迈克尔·菲斯迈尔对公司的首席信息官们有如下建议：“采用这种四层互动结构，向业务主管保证，技术将满足移动时刻的需求。如果你没有这么做，那么就看着你的品牌在移动荷载的作用下一败涂地吧。”

• **云传输**。如果数据都集中在企业网络的一个服务器上，那么公司就不能提供充满活力的移动体验。云服务供应商提供的直接的网络连接，是避免系统崩溃情况发生的最大保障。因此，云服务供应商关注运作系统，能应对客户需求的波动。

• **第三方服务**。公司不能承载所有你需要的软件服务来创建一个有价值的、直观的移动体验。你需要的是易于连接的位置服务、分析、制图和支付服务。TripIt通过其开放的应用程序编程接口，与2 000多家第三方服务展开合作。

简化你现有的交易系统并提高数据访问率

我们已经描述了新技术和架构，和它们相连接的数据又怎样呢？移动技术战略的第三个要素是简化核心交易系统并提高数据访问率。比如，在航空业中，预订系统和忠实客户数据库等核心交易系统是业务的支柱。它们在大型计算机上运行，就像核反应堆的白热中心那样摸不得。但它们也要为旅行者在移动时刻提供必要的信息（见图 10–1）。

这就解释了为什么IDEA循环是非常重要的（以及成本为什么这么高）：这里有能够满足在移动时刻内实现某目标的系统。这些系统往往很昂贵。一个大众消费品牌要求董事会斥资 1.5 亿美元打造"互动服务层"，来支持移动时刻。和这家公司一样，你需要在以下几个方面进行投资：

• **简化程序**。雅芳最近在一次支持移动销售的订单管理系统中操作失败，损失了 1.25 亿美元。[5] 它的失败是因为雅芳的销售人员——发现在餐桌上使用平板电脑太笨重了。这里暴露的一大问题是：在移动时刻，复杂的记录系统和销售代表需要的微量信息无法匹配。在移动时刻变革过程中，公司和支持他们的供应商，必须简化复杂的系统，将其简化至人们在移动时刻需要的数据或操作。

• **API管理**。只有将API连接到后端系统，并将它们放在供开发者使用的类别中，才能拓展拥有新服务的移动互动。这些API提供客户所需的核心数据端口，并在无须改写应用程序的基础上，聚集新的服务或应用。兰迪 · 汤姆林是美国电话电报公司26 000名U-verse服务代表的高级副总裁，他惊叹于API的

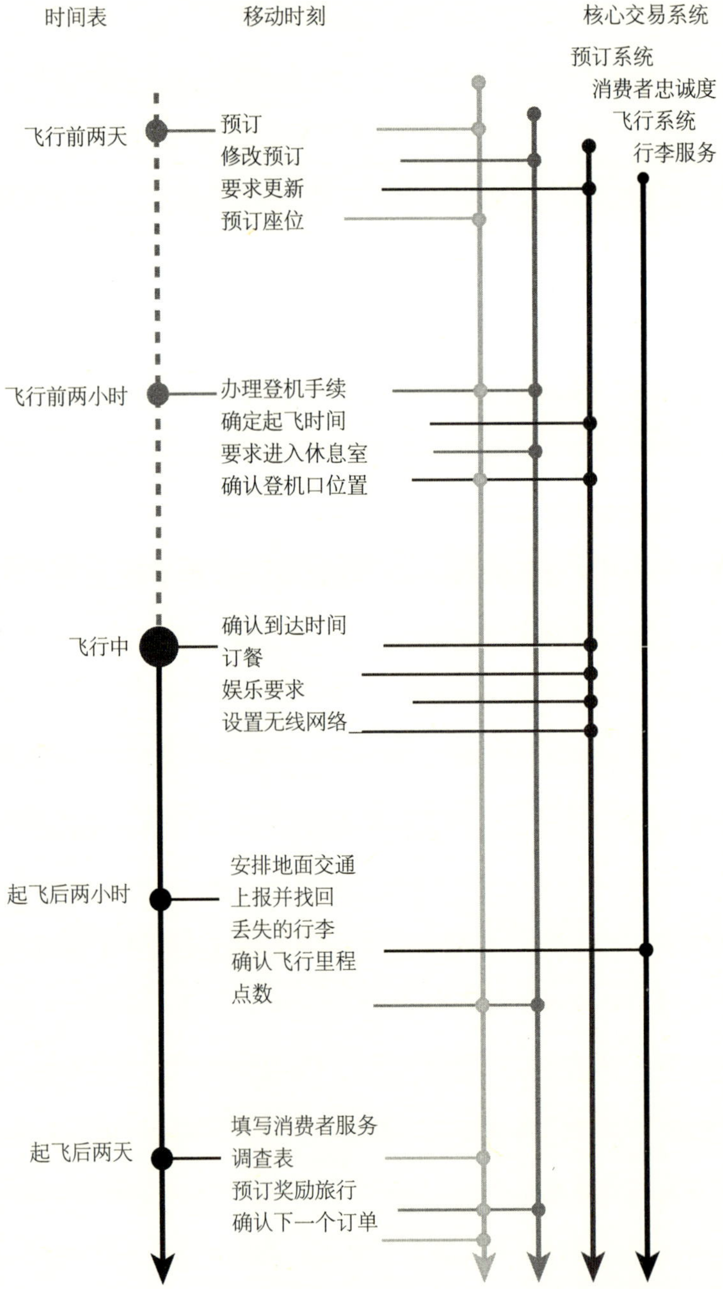

图 10–1　移动时刻需要从核心交易系统中获取数据

“神奇”，因为人们可以在任何地方使用数据。

• **安全和隐私。**隐私是移动互动中的扰人之音。每个人都想要移动应用程序带来的便利性。但没有人愿意因个人数据遭到滥用而感到恐惧。要建立信任，操作这些复杂的数据保护、保密和安全机制，你需要在开发应用的IDEA团队中吸纳一名安全分析师和隐私倡导者。

让我们看看一个在线房地产服务公司是如何驾驭移动分析，显著改善其业务的。

案例分析：中国房产中介安居客通过更好的分析来创建更多信息支持

安居客的 80 000 名房地产代理需要更多的信息支持。他们只有卖掉房子或是将公寓出租出去才能获得报酬，而这些工作需要从找到感兴趣的买主开始。一些线索是通过电话或办公室访问收集到的。但在对移动狂热的中国，移动设备也是获取线索的重要途径。

安居客在 30 多个城市有办公点。从手机或平板电脑上的移动应用程序和网络上获得的线索越来越多，成为其销售过程越来越重要的一部分。但这些线索还是不够。在让公司的 100 名移动开发人员创建新的应用功能之前，安居客需要知道哪些功能是能够为公司带来利润的。它需要知道用户点击什么、何时点击、在哪里及为什么点击。

解决这个问题的重任落在了蒯佳祺身上，他负责安居客的产品和移动分析团队。

他首先从人类行为学角度开始研究，对消费者使用安居客服务的方式进行分类。然后他得出了一系列关于消费者在移动时刻想要做什么的假设。比如，他们更喜欢平板电脑还是智能手机？更喜欢应用程序还是网站？他们跟街邻在一起聊天时会比在下班的路上更愿意点击安居客的应用吗？他们更希望滑动查看房源图片还是点击“下一张”的按钮？在什么时候上传信息最可能被点击或访问？

蒯佳祺通过移动应用和网站观察人们都在做什么，更好地理解了他们的行为和情感。他还从记录交易系统中收集数据，提升安居客对转化率的理解。蒯佳祺的分析团队监控着每一个功能和按钮，观察消费者到底在哪一环节行动。他曾和开发团队一起做AB测试——测试两个版本的应用程序，看哪个更好用。

蒯佳祺的分析团队了解到，基于位置的搜索必不可少。如果一个准购房者就在社区里，那么他至少会看五处房产，比他在火车上看的多得多。因此，他决定提升位置搜索功能。

团队还发现，平板电脑上应用程序的点击率比网站点击率高10倍。所以安居客修改了平板电脑上的网站设置，让它看起来和应用程序的界面一样。平板电脑上网站的访问量增加了200%。

有时你需要更好地理解数据透露给你的信息。就像蒯佳祺告诉我们的：“有些问题没办法在第一时间解释清楚。我们知道移动访问量在傍晚，特别是下班通勤时是最高的，而这时我们与消费者的互动却最少。这样很不合理。”蒯佳祺的团队进一步研究分析数据，得出了一个简单却有意义的洞见：在傍晚时段，中介提供的房源会减少20%，质量也相对较差。为什么呢？因为点击率最高的广告收取的中介费往往较高。当他们达到房屋中介所设的点击量门槛后，就会被自动撤下。因此那些最有吸引力的房源在晚上会被撤下。安居客重新调整了这一价格模式，延长优质房源出现在网页上的时间。

使用这些数据来修正应用程序，其效果远远超出蒯佳祺的预期。2013年第二季度，手机和平板电脑浏览量的总和占总浏览量的33%。半年后，安居客50%以上的访问量来自手机和平板电脑。

分析是技术平台的第四个组成部分

安居客的所有洞见都建立在公司对数据分析的基础上，这些分析既包括前端的应用程序和网站，也包括后台系统。移动时刻释放出的数据——什么人在哪里做了什么，做了多长时间——可以帮助商家进一步了解移动时刻，解码其中的奥秘。

移动分析能带来四个好处。你可以使用收集到的实时数据为消费者提供个性化内容，也可以更换他们即将看到的信息。你可以跟踪客户，看看在那个特别的时刻他们发生了怎样的变化。你的IDEA团队可以监控应用程序的正常运行，并在运转停滞时，进行干预。你的分析团队也可以像安居客那样，通过挖掘数据库来获得新的观点。这些好处来自两个基本的技术要素：

• **数据采集**。从执行移动应用程序和技术平台处着手，来获取你需要知道的数据，这些数据源于在各种各样移动设备上对内容和交易的登录和响应次数。这种"谁、做了什么、在什么时间、在哪里"之类的数据，对于实时监控正在发生的事情和跟踪发展趋势来说是十分关键的，它可以帮助你打造更好的应用程序，升级后端能力。只有你愿意采集这些运营和互动数据，你的应用才会起作用。已经建立的供应商，如Adobe、Google、IBM或是Factual和Mixpanel之类的初创公司，都可以通过云计算提供服务。

• **预测分析**。一旦掌握了数据，你就可以利用它来提升移动时刻体验，如提供更有针对性的提议、展示个性化界面，并为不同功能进行智能化展示设计。这就是数据科学家发挥关键作用的地方，他们可以挖掘数据背后的故事。微软的Yammer平台在数据分析方面很专业，它就什么样的移动应用程序效果最好以及为什么，提供了独到的见解。现在就预测性数据分析的成功下处方还为时太早，但亚马逊、Google、Netflix之类的公司的运营情况已经证明，分析技术将对赢在移动时刻至关重要。

首席信息官的新使命：拥护移动的技术平台

在技术平台还没开发到位的情况下，你不太可能在客户有需求的即时情境下与他们互动。公司必须有人站出来提供新技术。这个人就是首席信息官。

首席信息官将引导技术部门由操作“信息技术”向管理“经营技术”的转变，这将帮助公司赢得、服务、留住。[6]

你的技术管理组织必须聚集供应商和技术来支持移动设备，为应用程序及API的设计者和开发者提供资源和帮助，主持和运营互动系统。我们已经编制了一个小小的名录，建议你的技术管理部门为了移动时刻应该停止做什么、开始做什么（见表10–2）。

表 10–2　首席信息官在移动思维变革时行止列表

停止做的事	开始做的事	该做什么的例子
不要仅仅依赖于公司的服务器。	关注云或SaaS（软件即服务）供应商，深入挖掘你的市场。	与云计算巨头合作，如亚马逊、Google、IBM和微软，或是更小的云供应商。
停止使用瀑布式开发方法。	使用精敏技术构建软件应用程序。	将业务、设计、开发和运营人员汇聚到一个小团队中。
不再坚持自己建立一切。	在企业之外寻找解决方案和最佳实践。	与新的移动互动提供商合作，如Cynergy、Mobiquity和SapientNitro。
停止雇用信息技术专业人员来管理技术团队。	雇用对技术抱有热情的业务管理人员。	英特尔首席信息官黛安·布赖恩特和思科首席信息官丽贝卡·雅各比都是业务管理人员。
停止投资单一网络架构。	投资四层互动架构。	像Netflix一样工作，不要像一些电子商务团队那样，使用封闭的技术堆栈。
不再事后分析。	将数据收集和分析纳入核心互动过程。	美国卫星电视运营商Dish Networks通过分析，提高了11 000名技术人员的现场服务能力。

移动技术平台变革需要一大笔预算

互动是昂贵的。这就是为什么公司的营销、销售、服务和产品团队都要从他们自己的预算中拿钱来支持互动技术。因为首席信息官的弹性预算不足以快速提升公司的技术能力。

建立支持移动的互动系统到底有多昂贵？摩根士丹利计划为此在未来的10年投资4亿美元。耐克预计同期投资两亿美元。上文提到过，Home Depot准备投资3亿美元。甚至一个简单的预订应用，一家大型连锁饭店一年也得花费至少500万美元来维持运营，这还不包括后端记录系统的更新费用。如果加上更新费用，那么一年的花费至少700万美元。

就技术预算而言，这都是一些非常庞大的投资。但一个销售管理人员可以为在移动互动上超过3 000万美元的花费正名，因为他的员工直接接触消费者。你希望你的销售负责人申请一笔资金用于购买16 000台iPad吗？这真实发生在一家全球性制药公司里。面对要给这些平板电脑配备常规信息、应用程序、培训和服务的花费时，这位销售主管并没有退缩。他已经在设备和数据计划上花了1 400万美元。他的团队的销售总额高达480亿美元，因此拿出1 800万美元用于应用程序和支持的决定也不是很困难。

表10–3　移动互动的花费和员工应用的运营

	花费数千美元	
	第一年	之后几年
员工	16 000名销售代表	16 000名销售代表
平板电脑	\$8 000	\$4 000
内容系统	\$3 480	\$3 480
移动数据计划	\$5 760	\$5 760
培训与支持	\$1 920	\$1 920
销售应用程序	\$9 600	\$9 600
其他业务应用程序	\$3 840	\$3 840
年度总支出	\$32 600	\$28 600

如果为方便与医生互动，为其16 000名销售代表配备平板应用程序和互动内容，能带来每年销售额1%的增长，那么也可以为公司带来4.8亿美元的盈

利。这覆盖了公司大部分的成本（见表 10–3）。

问题的关键是，虽然互动技术非常昂贵，且超出了首席信息官的预算权限，公司收益 1%的增长或劳动力成本减少一至两个百分点，对于公司管理者而言，都是很小的改变。财务支出的目标是扩大移动时刻影响力，获得系统投资的实际回报。这也是为什么说移动时刻业务人员和技术人员在IDEA循环中协同合作很重要。（我们将在第十二章中详细介绍IDEA团队是如何合作产生这些结果的。）

因为技术已经深入到你的移动互动战略和执行中，因此它是系统转型中最复杂且最具变革性的元素。但这不是在移动思维变革中唯一需要你彻查并服务的。你还需要开发业务流程，改进员工工作方式，特别是那些直接接触客户的员工的工作方式。我们将在第十一章中对此做详细介绍。

THE MOBILE

M I N D S H I F T

第十一章 流程变革

——利用移动时刻转变业务流程

还是上文提到的那 11 000 名现场技术员，你为他们每人都配备了一部智能手机和一个精心设计的应用程序，他们的服务水平会就此提高吗？

如果你的调度工作和服务流程仍然依赖纸质订单，那么答案显然是：不会提高。

为了让移动设备更具价值，你需要重新设计业务流程。埃里克·卡尔森就决定这么做。

埃里克是Dish Network的副总裁，主管运营。该公司在全美拥有 1 410 万用户。现场技术员是公司主要的客户触点。如果用户体验良好，业务开展就会顺利。相反，如果体验不好，好吧，用户会对此念念不忘的，还会跟他们的邻居大加抱怨。

当埃里克刚接手现场服务部的工作时，他说，Dish还在“和一些原始工具打交道”，现场服务业务的开展完全依赖纸质材料和人工操作。埃里克难以实时了解现场技术服务开展的情况。每天，11 000名现场技术员领取几页纸质的工作订单，登上卡车，打开地图册查找订单用户的地址，然后出发开始一天的工作。一旦发车离开，公司就很难再与他们取得联系了。万一碰上了问题，就只能靠技术员自己解决了。结果可想而知，一边是不断增长的用户投诉，一边是大量攀升的加班费用。

埃里克想要找到一个更好的解决方案。

2008年某天，埃里克拜访了Dish Network的首席信息官迈克·迈克莱斯基，一场原本应该围绕如何“引水救火”摆脱公司困局的对话，最后发展为“我们发现了火”这样令人激动的呐喊。他们决定重整现场服务的整套流程，给每位现场技术员配备一个移动设备，这样一来，技术员在初次拜访客户时就能提供更加到位的服务。

迈克和埃里克给每辆卡车安装了对讲机、GPS定位跟踪器以及配备了无线网卡的、结实耐用的笔记本电脑。他们希望在外作业的现场技术员能及时得到他们需要的一切信息，包括用户信息、安装细节以及服务完成后的交易手续信息等。这一次，他们大获成功。

然而几年后，这一系列改革进入了瓶颈期。为什么呢？显然笔记本电脑并不是真正意义上的移动设备，他们只是便携式计算机。技术人员要增强与客户的互动，就必须前往用户家中，因此就把笔记本电脑放在了卡车里。这个过程中并不存在移动时刻。

四年后，他们发现了一种更好的替代设备——三星公司出品的智能手机Galaxy Note——它的屏幕很大，足以显示现场技术员需要的全部信息，体积上却很小巧，可以轻松装进制服口袋。此外，他们还引入了新型的调度及服务系统。这种系统采用的是一个云平台供应商提供的TOA技术。该技术平台正是在云中运行的，因此可以轻松连接到三星的新型手机，迈克可以在AT&T或Verizon的网络服务中远程下达指令，确保服务顺利开展。

技术人员与新型智能手机一起改变了现场技术服务领域，这一切大大超出了众人的预期。由于系统的升级和移动设备的更新，埃里克和迈克成功地提升了生产率——公司页面每天的访问量增加了10%。与此同时，他们也成功削减了15%的加班费用。他们用一台价值200美元的安卓系统手机，换掉了三个设备外加一个价值2 500美元的工具包。他们还借助TOA的智能路线导航规划技术，削减了5%的燃油成本。由于技术员根据智能手机提供的信息可以自主完成更多事务，因此办公室接到的技术员来电总量减少了，Dish公司也得以将办公室后勤服务工作人员的数量减少了2/3。而最重要的是，入户拜访的客户体验得到了极大的提升。

不断改善的服务令人叫好。而不断增长的销售额更能让人振奋。如今，埃里克授权的现场技术团队在执行本职工作的同时也推出了新的服务项目，例如将电视挂到墙上、修理无线网络故障或安装一个新的扬声系统等。

更高的生产效率，更低的运营成本，更好的用户互动体验，以及服务加售的机会，Dish Network是如何完成以上这些蜕变的呢？答案就是有效利用移动时刻来重新设计现场服务流程。

如何将IDEA循环应用于业务流程

尽管埃里克和迈克不见得会采用这种方法论来描述他们的工作，但实际上，

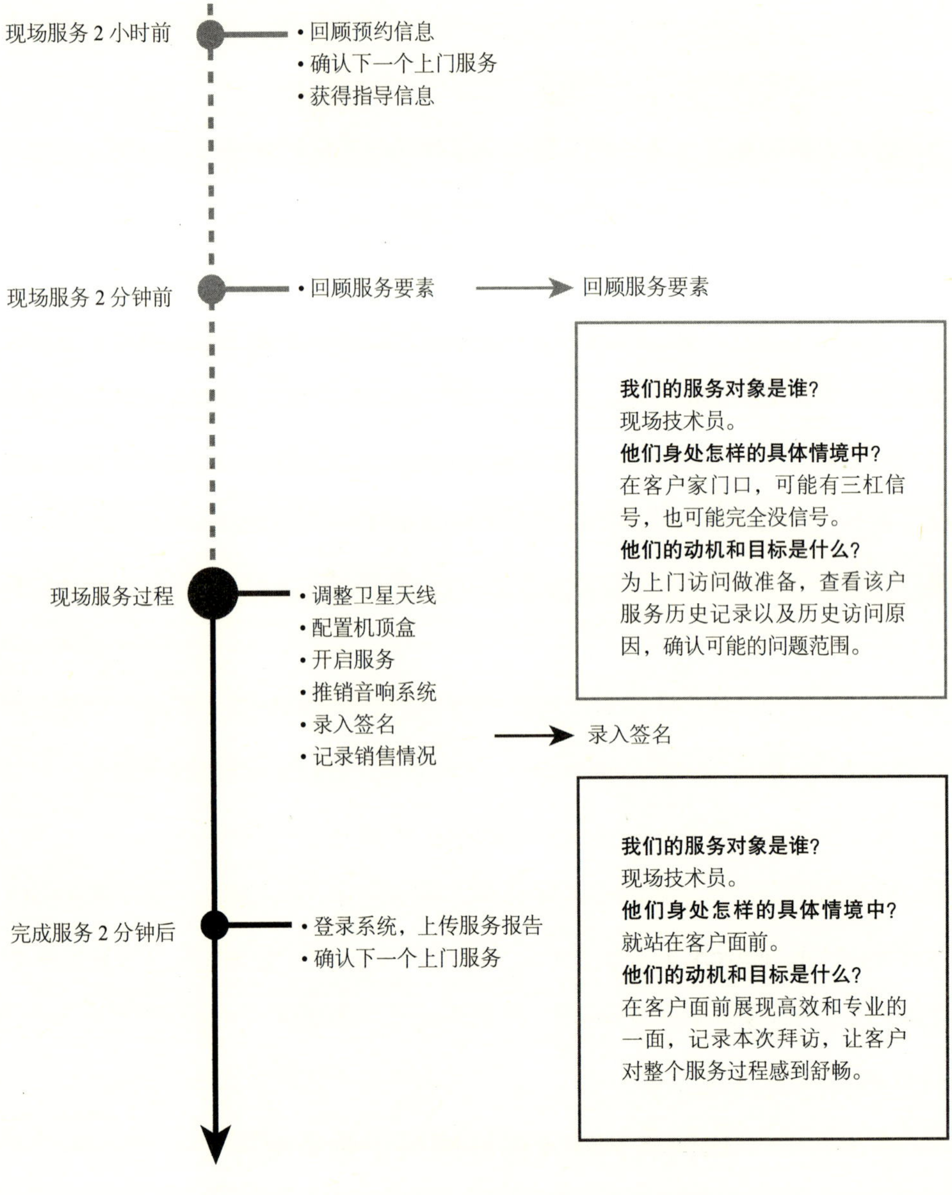

图 11–1　Dish Network公司现场技术员的移动时刻

他们正是实践了IDEA循环来逐步改善Dish Network公司的现场服务的。在这一过程中，他们发现了一种新的方法来加速改进原本复杂的过程。他们不仅推进了传统业务流程的自动化，更重新设计了整套流程，以更好利用移动技术及相应系统。秘诀是什么？就是利用移动时刻来大大简化任务（见图 11–1）。

在未来 7 年内，为了实现移动思维变革，众多公司预计斥资 1 890 亿美元来重整业务流程。[1] 任何时候，员工与客户所进行的互动都是业务流程中的某个具体步骤：零售收银、业务销售会议、专卖店验货、现场服务活动等。这些员工都是移动思维变革过程中的一部分。出于工作需要，他们时刻准备好采取行动，你只需要为他们提供恰当的平台和流程以示支持。正如客户移动应用可以让用户更快乐、更忠诚，员工移动应用同样可以使员工的工作和业务流程开展得更高效。正如我们从Dish Network公司的例子中所看到的，更高效的流程通常带来的不只是成本上的节约，也能给予客户更好的服务体验。对于Dish Network公司来说，这意味着在弗雷斯特客户体验指数系统的电视服务供应商类别中，得分有了稳定且显著的提升，从 2010 年的 56 分增长到 2014 年的 74 分，名列前茅。[2]

在前面的章节中，我们已经集中讨论了如何将IDEA循环应用在客户和员工群体中。我们已经讨论了如何识别移动时刻、设计移动互动、设计新的移动解决方案并分析结果，以及如何通过重复这个循环来不断促进改善。

重设流程与流程的初始设计过程相似。下面是这四个步骤在流程应用中的具体体现。

1. 在每一个过程中发掘移动时刻。重新设计整个过程。抛弃旧有的工作流程观念。跳出框框进行思考。任何时候，只要员工自信地拿出移动设备准备开始行动，都是一个发现潜在移动时刻的机会。正如客户移动应用一样，了解此刻的实际情境会帮助你简化并加速完成任务，从而改变业务流程。

2. 设计移动互动，提升任务完成效果。员工可以在移动时刻中做些什么呢？什么样的行动指令和信息会推动他们采取行动呢？正如客户移动应用一样，员工在采取下一步行动之前，需要获取有关该应用的正确信息，了解实用功能。

3. 重构系统，在每一个移动时刻采取行动。正如客户移动应用一样，为了方便把握移动时刻，你需要将后台进程与技术平台相结合。业务流程也将进入到“自动化”的阶段：将流程分解为独立的各个应用板块，每个流程板块能够以最少的点击量来完成单一目标。[3]

4. 实时分析数据，使其即时可用。对于客户移动应用而言，你需要依据实时数据，个性化定制某种方案或提供更好的体验。对于员工移动应用而言，实时数据使得管理者可以通过数据仪表盘了解到员工及其工作现状。如果出现麻烦，经理可以随时介入。

在本章的余下部分，我们将继续展示IDEA循环中的各个步骤是如何在企业诸多业务流程，如销售、检查、现场服务等情境下发挥作用的。

发掘移动时刻

Dish Network的埃里克和迈克首先观察了一个技术员日常的工作，回溯并发现可能存在的移动时刻。当技术员把车停在房前时，他需要什么呢？当他在屋顶上时呢？当他和用户打交道时呢？埃里克、迈克以及他们的团队跟着现场技术员一同开车出行，跟着他们一起爬到屋顶，试图发现其中任何事关客户访问的互动时刻。

他们试图在每项工作中都纳入数字智能的元素。比如，他们分析技术员的工作过程，推出了一项方便客户在智能手机的屏幕上即可完成签收的功能。技术员还能直接获取新机顶盒的一长串复杂的配置序列；基于卫星定位，技术员可以直接拿手机对向天空来调整碟形天线。有必要的话，他们还能用Google翻译和外国客户用外语对话。埃里克和迈克继续追问，整个流程中哪些环节可以省略。如果一个技术人员就能实地完成一项任务，那么其余的环节或者人员是否有冗余之嫌呢？

你也可以这样做。将研究移动化流程的IDEA团队聚集在一起，通过查看流程时间轴——服务前、服务中以及服务后——来探索任何可能的移动时刻。应当确保这支团队中有现场技术员，还要有技术、业务以及设计部员工等。为了确保你已经考虑了所有可能的移动时刻，请回答以下三个问题：

1. 为了简化工作任务，可以淘汰哪些人工步骤？ Dish Network的现场技术人员可以通过三星的移动设备，获取客户的授权签名并将其录入系统，因此就不必晚上回公司完成文书工作，公司也可以即刻提供服务。员工将一份纸质文档交给另一个员工，或者坐到电脑前输入信息的过程中，就有潜在的移动时刻。例如，审计和货架监控解决方案Trax，使得快销品销售员在杂货店走廊上轻轻一点，就能向上级发送验货是否合格的报告。员工可以在移动设备上做好准备工作并即时跟进，而不是等到晚上再在电脑上进行手动操作。

2. 如何在实际工作中简化流程？ Dish Network的技术员即使扳手在手，也能方便地通过DishPointer这款虚拟现实应用程序来调整碟形天线，使其对准卫星。这就省下了回卡车拿现场操作手册的时间。他们还可以从地下室的控制面板里调出信息，来处理复杂的配置权限问题。这些资源有助于在首次访问中就完成安装工作。同样，当技术员在通用电气风力涡轮机塔架上工作时可以通过视频聊天，向地面工程师汇报遇到的问题，这就省去了攀爬350梯级回到地面卡车里的时间。

3. 当员工在为客户提供服务时，如何提高他们之间的互动质量？通过使用移动设备和应用程序，Dish Network的埃里克·卡尔森使现场技术员可以当场推销其他服务，随之而来的不仅是销售量的增长，还有更满意的客户。Banner Engineering（邦纳工程）为它经销商的销售团队提供了同样的服务。iPad里面有全部的产品信息，如此一来，任何销售代表都可以立即回答客户关于新的传感器如何在生产线上工作等类似问题。即时向员工提供他们需要的信息，可以直接提高员工与客户之间的互动质量。

设计移动互动，提升任务完成质量

一旦发掘到了移动时刻，你就要设计相应的移动互动，帮助员工在即时情境中迅速完成工作。Dish Network与它的现场服务管理技术平台供应商TOA技术公司，紧密合作，开发了类似的互动形式。为了让界面尽可能简单直观，他们逐步减少了屏幕上显示的信息和执行按钮。迈克的目标是从此不用再培训技术员如何操作应用程序。

他深知如果移动设备不够小巧便携——小到可以直接装入口袋——并且不能即刻派上用场的话，很可能还会被技术员丢在卡车上。一个实用的应用程序在设计上应当遵循以下原则：

- **一次执行一个动作。**这听起来简单，但移动时刻的效率和一般的流程应用的区别是，利用移动设备，你可以预测员工在移动时刻可能需要做什么——获取签名、瞄准卫星或者登录系统服务更新等。例如，Cynergy公司为一家大型无线公司设计了一款应用程序，其后仍在不断地对其进行精简，精简程度令人咋舌。利用这款应用，忙碌的零售店员工可以轻松了解到公司新推出的服务，或者随时查询自己当前的工作量离本月应完成绩效的差距。

- **利用情境简化按键操作。**一旦应用程序记录下了销售代表正在访问的某位客户，它便能自动调出针对该客户的销售记录。这恰好就是一个利用客户情境减少按键操作的例子。你也可以利用物理情境来简化应用程序。通过平板电脑上的全球定位系统，通用电气的风力涡轮机维护应用程序可以知道，户外200架涡轮机中哪一架边上正站着一个技术员。它利用位置信息自动调出对应机器的维修记录。因此，利用你所掌握的全部情境信息，尤其是物理位置和交易记录，自动调出相应信息。

- **不断完善功能体验。**仅仅因为你设计了应用程序，并不意味着你已经极大地优化了流程或任务完成率。即使是很小的变化也可以促成或破坏某个移动时刻。例如，在一家制药公司，销售代表们一开始并不习惯拿着iPad向医生展示临床结果数据，因为对他们来说，要在里面找到合适的材料似乎并不容易。然而，当IDEA团队将所有的临床结果资料都移动到应用程序的同个类目下时，这个问题就解决了。

重构平台，一次完成一个任务

在第十章里我们介绍了互动参与系统。接下来，我们将介绍这种技术平台如何通过一次一个任务的模式帮助你改变业务流程。

你可能面临这样的挑战。如果你在一家大公司上班，很可能会让想要进入数字系统的数万名员工参与到他们工作的流程中来。Dish Network公司有11 000

名现场技术人员，达美航空公司有 19 000 名空乘人员，想想建立技术平台以支持这一庞大员工数量所面临的挑战吧。

在过去的 40 年里，许多公司已经花费了数万亿美元，为坐在电脑前的员工设计复杂的应用程序。然而这些应用程序在设定之初并没有考虑到移动性，相反，它们过于复杂。奔波在路上的员工只需要足够的信息和一个操作按钮来完成任务，而非复杂的界面和烦琐的数据输入。[4] 他们已经习惯了在家使用的那些得到五星级好评的消费应用。

你不得不重新设计核心数据系统的API，这样才可能为每个移动时刻提供适度的数据和操作任务。你需要云平台更加迅速地向各种设备提供信息，而且你还必须重新设计多系统协同工作的方式。如果你只是缩小了网页界面的尺寸，你的软件仍将无法应对移动时刻带来的大量需求。

让我们再来看一个现场服务的实例。其中蕴含了丰富的洞见，能更好地理解如何为移动时刻设计流程和平台。

兰迪 · 汤姆林是AT&T公司U-verse现场业务的高级副总裁，U-verse涉及电视、电话和互联网服务。他也不得不重新设计一个完全不同的技术平台，来帮助部门中的 21 000 名现场技术员拜访每家客户的时长不超过两个小时。

6 年前，兰迪开始着手改进技术员为客户安装宽带、提供电视服务时的互动。他希望U-verse“能在合适的时机配以合适的技术人员，为 1 000 万客户中的每一位都提供优质的服务”。他深知为技术员配备平板电脑是完成这个目标的关键。“我们必须方便技术员采取行动，并且在他们带着一个简单答案回到公司之前将六个或八个后端系统实现级联。”

问题就在于这“六个或八个后端系统”。原有的软件并不适应移动时刻中的任务要求。当意识到这款软件是完成两小时出访限制这一目标的关键时，兰迪下定决心要成为公司的“技术狂”（不难想象，只有技术狂才会时不时将这些话挂在嘴边，“我们在云端上做过所有测试”、“我爱死API了”、“现在的创新体系就是一个生态系统”），为此，他开始和技术部门的同事打得火热，和他们交上了朋友。

兰迪和他技术部门的新朋友将以往的服务流程逐一分解为独立的各项任务，然后按照移动时刻所需进行重新拼接：23项API针对现场技术员，26项针对管理人员。

他们还对整个流程进行数据监测，培训现场服务部门的经理通过iPad查看数据仪表盘以掌握实时状态。

结果相当惊人。U-verse的技术员现在经常可以完成两小时出访限制的目标，现场服务部门为AT&T在电视业务领域取得成功做出了突出贡献。根据JD Power 2013年度美国住宅电视服务供应商满意度调查，U-verse电视在其业务运营的中北部地区总体满意度得分排名最高。[5]

改革后，U-verse的工作效率大大提高，现在平均每天能多打一通服务电话。换句话说，兰迪的部门现在每天可以额外服务15 000名客户。该部门的经理可以通过平板电脑实时追踪现场服务情况，他们每天花在人工任务操作上的时间平均节省了90分钟。

从AT&T的U-verse团队中你学到了哪些成功经验呢？

首先，知道这件事做起来不容易。兰迪说，自己就像北极星一样指引着每个人不脱离轨道。为了优化移动应用必须升级后端系统时，兰迪也得到了公司高层的支持。

其次，将业务流程“自动”分离为各个独立项目。不要让后端的复杂性耗尽移动员工的生活。通过提供员工真正所需的适度的信息和行动指令来简化一切手续。[6]在不断对移动互动进行重新设计的过程中，流程会分解为一项项独立的任务（见表 11–1）。

表 11–1　移动时刻如何将流程转化为独立项目

	电脑上的流程	移动设备上的流程
假设	员工有足够的时间坐在电脑前专注于应用程序上。	员工只有有限的时间在移动设备上完成任务并继续其他工作。
目标	给员工一个完整的应用程序，并培训他如何使用。	在没有接受培训的情况上，帮助员工尽可能有效地完成一项任务。
设备	安装有精心设计的应用程序的台式电脑或笔记本电脑，会用到键盘和鼠标。	移动设备，通常是小型平板电脑或者大屏幕智能手机，都是触摸屏。
关键挑战	在一个完整的应用程序里，将多个系统打包以覆盖全部流程。	将任务对应分配给离散的API，最后打包以服务员工所处的即时情境。
关键技术	企业流程管理（BPM）和中间件。	企业流程管理、中间件，以及API和分析技术。

最后，软件API的设计要反映移动时刻所需。每个API负责处理流程的一小部分，并且能够在无线网络环境中流畅运行。

实时分析数据

AT&T公司的兰迪·汤姆林这样描述移动办公带来的可见性，以及他如何从中观察到员工工作中遇到问题的发酵过程：“全美各地一天内有 26 283 起事件发生，你可以看到其中 200 个可能会发酵成问题的热点。作为管理者，你可以再也不用担心会出现什么问题，因为你早就看到它们的肇端了。相比过去在每个片区的调度中心用彩色图钉在公告牌上标出热点的传统手段而言，这简直是一个巨大的进步。”

一家实时工作的企业能更迅速地解决问题，因为管理者早在问题稍现端倪之时就着手解决了。当你的员工带着移动设备去完成各项作业时，你能获得三种来源的实时数据。首先是位置信息，你可以掌握你的员工的实时位置；其次是交易信息，系统会记录下每项活动，无论是Dish Network公司的客户签名或是发送给Banner Engineering公司的销售信息，系统都可以向员工提供合乎逻辑的下一步行动指令；最后是使用信息，应用程序会记录下哪些操作和功能在正常运作，哪些属于浪费资源，需要重新设计或者报废。

如果把这三类数据交给业务经理并输入数据仪表盘中，即刻就能看到良好的效果。它们也是有价值的数据库，你可以随着时间的推移深挖以优化流程。例如，Dish Network公司持续收集位置数据，用来优化它们的服务路线。特灵空调同样在持续收集内容分析数据，优化其在营销方面的投资决策。

你需要进一步研究AT&T 和Dish Network 两家公司已经达到的分析能力。如果你的销售员担心自己被远程监视，那么你就不能在他们刚接触系统的时候急迫地开启分析系统，收集他们在哪儿，在向顾客推销什么东西的信息。你必须通过收集数据来改进他们的工作，以此逐渐赢得他们的信任。达美航空就是这样推广系统的，如今它的乘务人员都在使用新工具服务移动时刻中的旅客们。

案例分析：达美航空让乘务人员像客户一样享受权利

和本书中已经介绍过的其他航空公司一样，达美航空也是从旅客体验入手进行移动化变革的。正如公司主管营销和电子商务的副总裁鲍勃·库本斯所言："当前，我们员工能掌握的信息，客户也能实时获取。你可以查询行李是否运上了飞机，或者它们在机场哪条传送带上。"为了提供这种体验，达美对旅客开放了交易系统。如今，达美九成的旅客体验到了国内旅行网上值机的便捷，近两成的旅客选择在移动设备上办理值机。

客户移动应用程序有一个奇特的副作用。达美公司旅客如今变得更聪明，飞行体验也更加顺畅。这对在一线处理客户关系的员工产生了新的要求。因此，达美进一步推行移动化战略，给予高度移动化的员工更多权利。它给行李搬运人员配备了移动扫描仪，行李由传送带传至机舱的过程中可以定位行李。公司的飞行员现在随身携带一个轻便的Microsoft Surface平板电脑，里面存有操作手册以及飞行相关文档，而这些资料以前是装在一个40磅重的皮制飞行包中的。

2013年7月，达美航空公司给19 000名空乘人员配备了诺基亚智能手机。这些设备帮助乘务员每年在空中服务1.6亿旅客，并且极大提高了工作效率。借助移动技术，达美的乘务人员可以向焦急的旅客提供信息，帮助他们减轻焦虑，或者解决问题。

在Avanade和AT&T的帮助下，达美正在设计三种移动应用程序以改进飞行人员的日常作业流程。首先，智能手机取代了飞机上的支付系统。空乘人员用一个熟悉的设备和接口，供乘客刷信用卡来购买饮料、餐点，或飞机上推销的产品。

其次，空乘人员使用的应用程序和旅客在移动设备上下载的应用程序相同，只是增加了所有航班的信息。这样一来，空乘人员就能以最快的速度为旅客提供服务。

最后，达美将普通员工服务也搬上了智能手机。这大大节省了空乘人员的时间。他们可以调出换班信息，或者直接向其他空乘人员发出换班请求，哪怕是在35 000英尺的高空使用航班自带的无线网络也可以。

所有这些移动应用程序还有一个更高级的优势：一部移动设备就是一个服务创新的平台。达美航空的广告语是“越飞越高”（Keep Climbing），寓意达美致力于不断提高客户服务水平。因此，达美计划推出更多的应用程序。例如，这个程序可以将旅客名单和忠诚度系统相结合，如此一来，空乘人员可以为特定旅客提供个性化的服务，从过去一句“谢德勒先生，非常感谢您再次选乘达美航空”，到现在的“我发现您经常乘坐我们公司的航班，为了感谢您对我们公司的支持，可以给您换一个更好的座位吗？或是赠送您一杯饮料？”一旦这些服务过程都搬上了移动设备，更高质量的服务便可以在空乘人员的手掌之间轻松实现。

达美航空深刻认识到：工作中最强大的动力来自客户的期望。一旦某个客户的期望提高了，公司上下必须给予回应。公司一旦开始投资客户移动应用程序，下一步开发员工移动应用程序就在情理之中。

利用移动时刻变革所有业务流程

移动化赋权不仅仅是一个面向客户的过程。

根据前文对达美、Dish Network以及AT&T等公司所发生变化的描述，你可能觉得那些与客户有机会互动的员工是移动化互动参与过程的主要受益者。他们确实是。但是并不只如此。

员工在没有电脑的地方工作时，都有可能在某个移动时刻改变任务。让我们来看看4个简单的例子，它们将让你充分感受到工作中多种多样的移动时刻：Red Robin连锁餐厅培训员工的案例，思科拍摄问题照片的案例，亿滋国际处理全球各地店内库存和销售的案例，以及在Tcho Ventures公司制作巧克力的案例。

员工培训：Red Robin将平板电脑变成“美味大学”

Red Robin 连锁餐厅在2012年向815万人卖出了至少1 600万磅的牛肉。要经营好这一级别的餐厅，意味着背后需要设计一套适合每个餐厅、每位员工的系统。每当Red Robin向30 000名员工介绍新菜肴或者新饮料时，必须确保每家餐厅的新菜肴尝起来都棒极了。

Red Robin每周都要训练500名新员工，比起教室或员工手册，他们中大多数人对YouTube、Facebook以及iPhone要更熟悉。为了更好应对这个挑战，公司业务转型部门高级副总裁兼首席信息官克里斯·拉平希望建成一个更好的培训流程，年轻的员工不必上课就可以在实践过程中完成学习，正迎合了他们的需求。

对于克里斯来说，这恰为平板电脑创造了大好机会。克里斯可以在一台平板电脑上调出所有培训材料，同时使用平板电脑可以让学习充满社交乐趣，又能获得丰富的视频资源。因此他把这个解决方案叫作“美味大学”。

员工可以在下班时间或者上班途中使用美味大学的移动应用程序。他们可以观看教授新技能的视频，在游戏和模拟情境中进行互动，完成测试以记录学习进展，还可以向远在总部的专家提出问题。

平板电脑上的这款应用程序既能帮助新员工迅速成长，又能为老员工提供一条学习新技能或新流程的快速通道。结果，这款应用程序取得了巨大的成功。自启动这个在线学习计划以后最关键的一个月内，Red Robin的员工离职率下降了10%。但是克里斯还不满足。他又启动了一个计划，鼓励员工制作富有创意的视频。他的运营团队和每个员工分享优秀视频，并从中挑选一名员工，请他拍摄一条更专业的视频作为培训项目的资源。

思科公司用智能手机对安全事故和设备问题拍摄图片证据

思科公司拥有一支致力于打造事关75 000名员工和23万平方英尺设备的安全的庞大团队。这个数字量级相当于一座小城，而罗杰·比斯开必须追踪记录一切动态。罗杰不是普通的负责设备安全的工作人员，他是思科公司的副总裁、财务主管、全球风险管理专家、前银行家以及负责管理思科470亿现金的现任高管。除了管理所有的钱，罗杰也负责非常高效的全球安保和永续性业务，管理思科的实物资产和全球489个设备。

高效业务中的一个关键事项是拍摄事故状况的照片，这些状况包括试图破门而入、破坏设备以及其他实物损坏的场景。罗杰的全球安保团队不仅要拍照，还要将照片存放在一个安全的地方，供日后法律审查或者提请保险之需。

罗杰的安保团队在他们的智能手机上安装并注册了一个由EvidencePix公司提供的、经认证的移动应用程序，专门用于拍摄问题状况的照片。这款应用可以自动将照片中正确的位置信息、时间和设备信息上传到EvidencePix的安全云端。一旦到了云端，这些照片将被存储在一个防篡改的数字锁定箱中，直到需要提请保险索赔或应对法律问题时才调用出来。罗杰的安保团队也会基于照片内容和流程对问题情况进行维护和修理，有必要的话也会对专业管理建筑物安保的思科安保力量进行升级。

多亏了这个应用程序以及其背后的支持系统，安保和设备管理工作的特设部分如今成了一项结构化的策略驱动型活动。

亿滋国际为全球销售团队配置平板电脑

一家在全球165个国家销售奥利奥饼干、吉百利巧克力以及其他50种休闲食品的公司要如何进一步快速成长？[7]如何去激励全球45 000名销售力量深入成千上万家个体零售网点？

假设你在亿滋国际工作，这是一家全球知名的休闲食品制造商，前身是卡夫食品。你的公司用一个统一的全球销售流程替代了一千个独立销售业务。

这正是亿滋国际的首席信息官马克·达贾尼以及他的团队所面临的挑战。他们必须想出一个办法，给销售代表提供适当的信息，这样一来他们在移动时刻与零售商交谈时就会有充足的参考依据：什么样的产品，过去销售业绩如何，有什么促销活动等等。存有销售数据内容的平板电脑或智能手机是这一方案成功的关键。

马克所面临的挑战不同于AT&T和Dish Network公司的情况：他需要的解决方案必须在全球任何国家都适用，在任一品牌的智能手机或平板电脑上都能使用。他不能给公司的每个员工购买同样的移动设备。此外，他希望推动的技术方案必须在任何网络环境下都能正常运行——网速快、网速慢，甚至没有网络。为了适应亿滋国际业务布局范围内所有国家及其运营商的网络情况，马克选择了云端平台来存放公司的销售、电子邮件、内容交付以及分析性应用程序上传的数据。核心的应用程序用来支持销售代表拨打销售电话过程中的关键步骤。

公司的转变进程相比全球销售转变大潮而言，算是初级程度，然而在其多样化的全球市场，如印度尼西亚、法国、美国以及澳大利亚等，该公司已经取得了初步的成功。公司第一次实现了为每个独立的店铺制定独立的销售目标，并就此分别测量它们的销售进展。通过在销售过程的移动时刻直接输入正确的信息，该公司将与少数大型零售商的成功合作经验扩展到了与每家个体零售商的合作中。

随着移动设备和技术平台的到位，亿滋国际可以加入更多培训服务、更多分析、销售点展示单元目录等等。正如马克所言："我们现在建立的平台将各地员工每天的工作联系在一起。在这个巨大变革中，我们公司才刚刚起步。"

Tcho公司善用从农场到工厂的移动时刻来提高巧克力品质

Tcho是一家生产巧克力的公司。他们并不生产一般的巧克力，而是专门出品供厨师和鉴赏家使用的高级巧克力。Tcho公司总部位于旧金山17号码头，离渔人码头一个拐角的距离。为了尽可能制作出最美味的巧克力，同时又要履行公司对社会的责任，Tcho不断在琢磨改进巧克力生产的各个环节：从可可豆的种植到收割，再到巧克力的生产和流通。然而他们还需更努力，毕竟高级巧克力市场的竞争是无情的。

巧克力制作者布拉德·金泽利用从农田到工厂车间的移动时刻，提高了

Tcho公司的巧克力品质。

他从源头抓起——厄瓜多尔、秘鲁、多米尼加共和国以及加纳的可可树。从简单的部分着手，帮助农民建立小型实验室：一台烘烤机，一台可可豆研磨机，和一支温度计。他和Tcho其他巧克力制作员工一同培训农民在移动设备上使用Skype，与他们交流发酵、干燥以后如何品鉴和检测可可豆质量等内容。布拉德解释道："直接联系能节省我们大量时间，我们在告诉农民公司需要什么样的可可豆时描述得越清楚，就越能买到合适的原料。"

这个过程的核心要素是一款由Cropster公司设计的可以在移动设备上运行的云端评价服务系统。这项服务系统使农民能在自己的国家，如秘鲁，和远在旧金山的布拉德的团队协同工作，一起监测发酵参数（在将生的可可豆研磨成粉末的过程中），一起品尝一批特定的可可样本，通过这种方式让农民学会判断公司需要的理想的巧克力风味。

农民们加入了Tcho的实验室检测计划以后，大大提高了种植和发酵可可豆的技艺，而他们的作物甚至打败了其他125家秘鲁种植户，赢得了2012年巧克力品质前五名的大奖。[8]

布拉德热爱移动时刻的第二个理由是，他的巧克力制作团队可以在iPhone手机上实时监测长达20小时之久的生产过程。Tcho的员工可以用iPhone上的远程监控应用来管理公司的实验室。公司将温度计和可可豆研磨机相连，并安装了摄像头，这样一来他们就可以看到实验室里发生的一切。公司员工就不用为了查看巧克力浓浆的黏度在凌晨两点赶去工厂。相反，在这一移动时刻中，他可以根据过去几小时收集的数据，通过手机应用的下拉菜单进行适度调整。而这些数据也能方便Tcho进行分析并优化生产过程。

通过这种方式，移动设备可以让身处不同地点的员工轻松获取信息并进行控制管理：在现场、在发酵间、在实验室、在生产车间，甚至在家中的床上。结果就是在移动时刻优化生产过程，制作出了更佳品质的巧克力。

通过移动时刻转变业务流程

本章所有的公司都在移动设备上加大投入，以改善员工工作的方式以及他们和顾客互动的方式。在流程再造背后蕴含了很多运筹科学，你可以与流程改造小组一同工作，或给行业顾问支付很多钱请他们帮助你设计高效的流程，[9]而在开始投入巨额开销之前，你可以先从简单的一步开始，即善用IEDA循环并且专注在移动时刻上。在你思索如何设计合适的应用程序以帮助员工完善公司的流程执行环节时，请记住以下四件事：

1. 从移动时刻开始：何时可以采取直接行动？企业管理类书籍作者迈克尔·哈默发表过著名的谴责性言论："消灭自动化。"[10]他考虑的是软件系统如何提高后勤流程效率。正如Dish Network的卫星定位和数字签名应用，员工可以在移动设备上直接采取行动。难处在于何种情况下移动设备可以帮助人们找到捷径并立即采取行动。这就是为什么协同参与、角色发展以及密切观察工作中具体的个人显得如此重要。

2. 考虑对员工的影响：他们会使用这个应用程序吗？你不能硬塞给员工一个蹩脚的应用程序并期望他会使用。所以，投入时间和资金，好好设计一款能够以尽可能简单的方式完成任务的应用程序吧。利用移动化的情景把正确的数据显示在屏幕上，而不是一字一字敲打出来。如果你能使用设备的定位功能来完成这个过程，你的员工一定会欢迎这款应用而不是抵制它。

3.考虑现有的技术平台：他们能否支持独立作业的任务？多数系统对于移动时刻来说太过复杂。我们预计，在重新铺设交易系统并以新的记录系统驱动这一切之后，公司的各项系统将经历史上最大的技术革新。我们将合计花费13 000亿美元用在移动技术和系统上，超过2017年的总技术支出。[11]

4.给应用程序配上时时可见功能：你需要什么样的数据？收集和存储大量信息，包裹需求以外的信息，养成分析性思考的习惯。一旦培养了数据分析的各方面能力，你就很难停下来，直到建成了一个完整的仪表盘可以实时洞察现状，以及一支致力于从历史数据中发现模式并转化为高效率（如路线规划）和洞察（如知道什么样的现场技术人员在用户家里销售的服务最多）的数据科学家团队。

平台和流程只是你所有成功设计的两部分。努力赢得移动时刻的最后一项重大变化是，如何建设你的移动应用程序和网站。在接下来的第十二章里，我们将向你展示主流公司，如ING银行是如何利用敏捷开发技术组织、管理团队，以建设持续更新完善的移动应用程序和网站的。

THE MOBILE

M I N D S H I F T

第十二章 **人员变革**

——和IDEA团队一起构建移动时刻

麦克思·莫文已经意识到移动思维变革势不可当。他就职的ING银行每天都要应对客户更高的需求。每当苹果公司发布新的iPhone手机或升级操作系统的时候，ING的客户也会期望银行的移动应用程序依据苹果公司的新功能而迅速更新。如果ING的竞争对手能够让客户通过拍照就完成支票存入，那么，客户自然会期望ING也能实现这样的功能。

为了给客户提供优质服务，ING需要建设一支具有持续生产力的团队。这支团队需要利用敏捷开发技术流程不断构建、测试并开发新功能。[1]

敏捷开发技术改变了麦克思团队为银行客户设计应用程序的过程。麦克思自2011年以来一直担任ING电子银行部门的主管。在那段时间里，ING个人银行应用程序的功能不断壮大，实现了显示余额、跟踪付款、积蓄和信用卡交易查询等功能。这款应用程序在苹果应用商店里有5 000条以上的评论，平均得分保持在4星或4.5星。麦克思将这个成功归因于他的团队坚持用敏捷开发技术，不断对应用程序进行更新和完善。

ING在手机应用程序开发过程中是这样应用敏捷开发流程的。

在ING，负责设计移动应用程序的敏捷团队由12人组成，他们是开发人员、设计人员以及业务人员。这些来自不同部门的员工协同合作，实现了应用程序的不断升级。这种亲密合作的关系使得技术人员能高度了解他们的商业目标，即搭建能够吸引客户频繁使用手机访问本银行服务的移动应用程序。这也让业务人员了解到设计和开发一款能直接连接到银行数据和交易系统的移动应用程序所带来的成本和复杂性。业务技能与技术技能的结合使得这支团队能够保持目标集中一致。

为了支持敏捷开发团队的工作，ING电子商务、市场营销以及技术部门的董事组成了一个指导委员会，每月召开例会。移动指导委员会优先处理来自银行各部门长期累积的请求。这些请求大都集中在银行的市场业务推广方面。这项战略的成功体现在两个关键指标中，而公司已经将这两项指标纳入应用程序的流程建设中：（1）移动银行的用户平均一周6次登录移动应用，是ING网银用户使用手机应用频率的三倍；（2）相比其他用户，这些移动银行的用户在ING的净推荐指数排名上更高。

有了这样一份关于优先解决需求的清单，敏捷团队就开始按功能将需求分类，然后在三周的时间内进行开发和测试，他们把这个阶段称为“冲刺”。在冲刺阶段初期，敏捷团队里的技术、设计和业务人员一起选择出他们认为可以在三周内实现设计、开发和测试的功能点。在将功能开放给用户使用以前，他们会先找其他部门的员工进行测试。这种三周时间的冲刺方案可以让敏捷团队迅速进行部署和学习，而他们也可以最大限度地避免浪费时间，因为要开发每个人都喜欢的功能是不可能的。这样下来，即使出现错误，也是小错误，可以很快解决，而迅速实现的成功奠定了整个团队存在的基础。

有时候，敏捷团队也无法在几周时间里彻底开发出某项功能。如果一项功能的实现需要耗费很大的调整才能连接到后端交易系统，团队中的业务人员对此表示理解并时刻准备缩减这个需求名单或者重新安排优先次序，开发人员将继续努力攻克这个后端变化，以备将来不时之需。正如生活中有些事会耗费我们更多时间一样，敏捷团队上的业务人员对此也能感同身受并予以支持。

最后，团队将移动应用程序视为互动过程的一部分。为了在移动时间内帮助客户办理业务，银行需要开发帮助客户变更地址或处理信贷流程的技术。就像技术团队一样，公司业务流程团队也采用灵活的工作方式，每三周创建一个新的流程服务项目。麦克思说："我们可以使用业务冲刺来快速提升消费者办理业务的流程。"因此，移动团队和业务流程团队可以协调新功能发布的时间，让客户在享受移动体验的同时办理业务。这就是奇迹发生的时刻：技术人员、设计人员、业务人士在移动时刻汇聚到一起开发新功能。

成立持续工作组织改进应用程序

就像麦克思一样，你会发现移动思维变革会迫使你不断改进公司的移动应用程序。你的消费者总会在他们的移动设备中发现更新颖和有价值的东西。在看到某一个企业，如苹果、Google、微软公司等提供一项新的功能时，消费者就会拓展他们的移动时刻并提升对其他应用的期望。几个月之前还让你的消费者赞不绝口的功能，马上就会变成一个普通的玩意儿，一年之后，它会因为单调而被彻底淘汰。因此，要在消费者的移动时刻中争取存在感，就要快速为应用程序提供新元素。但对应用程序新功能的开发要建立在新的见解之上。这也是对IDEA循环来说最重要的一点：建立持续更新的工作小组。

弗雷斯特公司一位研究软件开发20余年的分析师杰弗里·哈蒙德说："发展速度是成功的关键。这也是为什么成功的移动团队能够采用冲刺式开发、持续性输送和基于分析的敏锐反馈等方法，尽快为消费者提供他们所需的服务。"

能够提供持续性改进方案的团队必须是一个聚集了设计、技术和业务人员的敏捷团队，他们通力合作，一同开发应用程序。公司组织团队的方式并非只有一种。但ING银行、洲际酒店集团、星巴克、Dish Network和美国航空公司都围绕这三个层面组织员工为移动时刻服务：IDEA团队、敏捷开发团队和移动指导团队（见图12–1）。

一个基本的开发单位同时也是IDEA团队，它由技术、设计、业务人员组成，有时也会从合作伙伴中获得技术和业务人员的支持。团队的核心人员都有一年以上开发移动应用的经验，当然，这期间也会有人来兼职或是在某段时期提供智力支持。一些IDEA团队只有5个人，但也有团队会达到20人，这取决于公司的业务范围。团队成员向他们的职能经理或产品负责人汇报工作。很多公司开始只有一个单向敏捷团队，致力于移动程序的开发工作，在逐渐摸索出成功组织模式后再向其他方面发展。比如，ING银行就有170个敏捷团队来为各个不同的技术项目忙碌。

这个团队每隔几周就会使用敏捷开发流程来发布新软件。我们看到的每一款成功的移动应用程序都具有跨专业领域背景的团队成员，在使用灵活开发的基础上建立。这个过程允许团队不断开发、测试、评估、扩充功能（开发者称

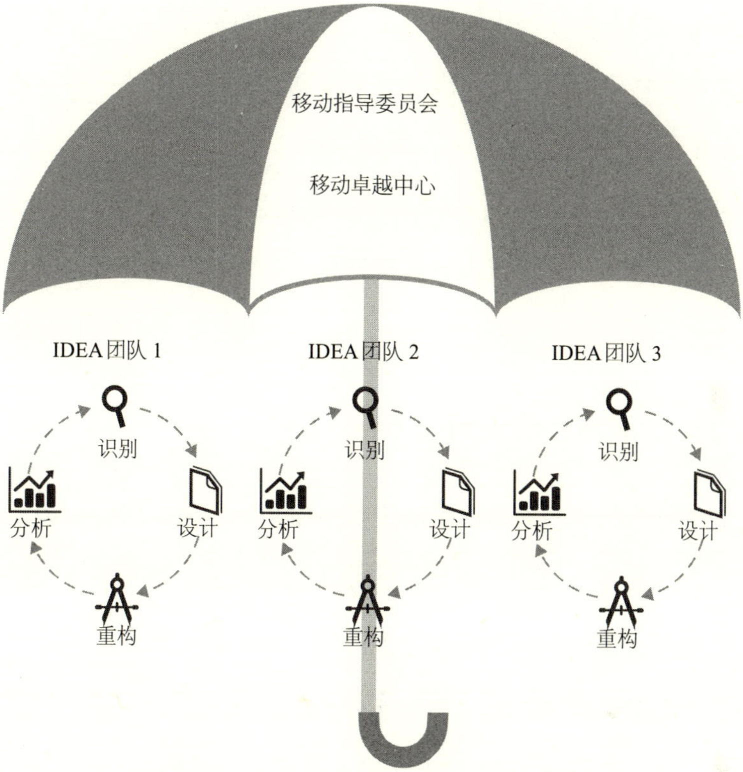

图 12–1　建立公司自己的移动组织

这一过程为持续供给）。[2]

这也能帮助公司避免发生这样的错误：管理人员花费很多时间和财力打造的功能却不受消费者欢迎。

由于敏捷开发非常重要，我们将其列入 IDEA 循环的描述中。只有像 ING 银行一样，使用敏捷技术来开发软件和开发业务运营，才能让移动时刻的客户体验越来越好。

管理决策来自移动指导委员会及其执行机构，即移动卓越中心。因为移动体验囊括了很多业务，涉及开发和技术等方面，你需要一个执行领导团队以协调每个业务部门的工作并优化他们的工作过程。如果你的移动战略已经不再局限于一两款应用程序，那么你还需要一个移动卓越中心来协调各项技术、投资以及公司正在开发的合作关系。

这听起来有点儿令人生畏，我们可以将其描述得简单一些：在本章中，我们将介绍一个新的团队，解释该团队如何工作，并为新的移动卓越中心定义行动纲领。

让IDEA团队来管理移动应用

传统上，当公司业务人员或营销人员负责创建软件，他们会记下想法并将其丢给技术部门或是公司的技术合作伙伴，如埃森哲、德勤等。或许这些人会花费数月的时间，与技术人员或技术供应商一起估测应用程序中哪一项功能重要，并将这些重要功能全部记下来。无论采取哪种方式，在他们构建完应用程序并启动时，常常会发现自己对于什么才是重要的这个问题判断错误。

就移动应用程序而言，单纯使用这些方法并不奏效，因为它们太慢且太缺乏灵活性。而像ING银行和星巴克这样的移动应用先驱，已经洞察到了伟大的移动时刻只在两种情况下发生（这也是每个移动企业内置于企业文化的）：其一，业务员工为移动应用程序的成功或产品使用者负责；其二，业务员工、开发者和设计者持续的协同合作。这个小小的团队就是IDEA团队，包括业务人员、设计人员和开发人员。

有两条组织理念可被援引来说明这一道理。

首先，开发人员和设计人员必须紧密合作。移动互动提供商Cynergy的移动研发主管戴夫·沃尔夫在描述这一关系时曾说：“我们曾把设计和研发人员分隔开，因为他们真的是两条道上的人。但这样带来的问题是，他们设计出的东西我们无法付诸实践，或是运行起来速度很慢。终于有一天，我们让设计和研发人员坐在一起讨论，当然一开始很难，但是一旦他们清楚了彼此的意图并了解对方的想法后，就可以共同创造出美妙而又高性能的产品。”设计师和开发人员如同一个天才的两面，而移动时刻只有在设计师的右脑和开发者的左脑混搭在一起时才能够发生。让设计师和开发者分开工作，最终设计出的应用程序或许外表美观，但是缺乏内在价值。公司必须将他们放在有着共同动机和心愿的同一个团队中，才能设计出好的应用程序，让消费者在移动时刻对它爱不释手。

这个团队并非只有设计师和开发者，因此，第二点是业务产品所有者必须要与开发者和设计师紧密合作。要提供出色的移动体验，你就不能将一款应用程序或网站仅仅看作一个自生自灭的项目，而是要将其作为一个被设计、建造、运行、监控、改进的产品。这就意味着团队需要一个全职的产品负责人，负责业务架构并掌握产品产出。产品负责人是消费者和公司在移动时刻的桥梁。[3]

除了业务人员、设计师和开发者以外，公司可以根据具体情况调整敏捷团队的组成人员。如星巴克的跨职能敏捷团队就包括零售店的管理人员，以确保咖啡师和零售店经理能够积极应对消费者的移动应用。另外，星巴克的敏捷团队还包括法律顾问，以确保应用程序的运行符合公司对客户数据的保护政策。Dish Network的敏捷团队包括负责现场操作的管理人员，这些人的职责范围很广，负责从分发设备到制作外包装的一切工作。美国航空公司的敏捷团队包括负责后端交易系统的工作人员，他们确保在移动应用上选座与通过公司主计算机选座二者之间不发生冲突。但要记得，IDEA团队的核心仍是业务人员、设计师和开发者。

跨专业背景的团队和充满活力的组织运营过程，是缔结IDEA团队的重要原则。我们再研究一个公司的例子——洲际酒店集团，进一步获取协调跨职能部门间合作的启示。

案例分析：洲际酒店集团移动团队利用敏捷开发取得成功

洲际酒店集团是洲际酒店的母公司，比尔·基恩的移动应用团队和詹姆斯·普罗立佐的设计研发团队一同打造了预订酒店的应用程序。这两个团队在同一个楼里办公，围绕同一个目标开展工作：房间预订。有了这个共同目标，团队一起合作，营造良好的移动体验，为公司赢得回头客。

由于比尔和詹姆斯的团队都使用了敏捷的开发过程，他们共同学习并及时调整，以找到改善客户体验的新方法。他们一起合作，从而产生改善客户体验的业务观点和技术理念。以下详细介绍一下他们是如何做到这一点的。

比尔·基恩作为移动解决方案总监，管理公司的8个产品经理。这些产品经理的工作内容集中在具体业务问题和产品管理上，他们拥有发展哪些新功能及新版本侧重点的最终决定权。因为他们与设计开发者通力合作，这些产品经理懂得应用程序开发和跨平台移动营销的复杂性和挑战。根据沟通结果，产品经理相应调整自己的期望。

詹姆斯·普罗立佐作为移动应用程序安装和传递主管，管理着一个由12人组成的开发队伍。他的属下专攻移动应用程序的设计和开发，同时负责建设API，接入核心交易系统、内容系统，和天气、地图等公共服务。

这两个工作组共同分担责任，形成一个工作团队。他们每天碰面讨论新功能的设计、开发和测试。团队的每个成员都为这一过程负责，包括构思、具体部署。其中产品经理更加注重前期的三个步骤：理念、概念和要求，但同时参与设计和测试。设计开发人员主要负责后期的三个步骤：设计、构建和部署，但他们也对产品与消费者互动的目标和机制有深入了解。

团队在冲刺的两周中使用了敏捷开发技术。作为开发部门总监，詹姆斯说："产品经理选择下一步重点开发的新功能。研发部门要让产品经理了解在两周的冲刺时间内，我们能做出什么样的产品，并让产品经理决定哪些是该做的。"让这个系统保持运行的方法是，产品经理参与研发部门的每日工作例会，在会上，技术开发人员讲述他们的进展并讨论问题的解决方案。这样每个小组会知道对方的潜力和不足。这使得问题沟通简单化，从而提升移动应用程序的性能。

为什么敏捷开发过程能收获最佳工作成果

ING银行和洲际酒店的成功经验也可以引用到其他公司的IDEA团队中。通过采用这种敏捷的开发和交易过程，公司可以实现四个目标：

第一，公司的业务和技术团队在移动时刻一起参与到与消费者的互动中。这两个部门不再有人为的分离，并围绕"服务消费者"这一共同目标，协调行动。我们在洲际酒店的案例中，看到了这一景象。而在ING银行，成功的指标包括消费者的满意度、交易量和再次消费比率。在达美航空公司，一项重要的衡量指标是注册移动设备的数量。

第二，需要公司尽快采取行动来寻找和发现新的移动时刻。在敏捷开发的过程中，公司建立一个快速循环，在这个循环中不断学习。这意味着公司管理者要早点看到什么在发生作用，以及下一步该采取怎样的措施充分利用移动时刻。LoseIt！公司的首席执行官查尔斯·蒂格说："我们不一定非得到一项功能的完成时再做是否进一步开发的判断。我们要能够在它刚推出时就从消费者那里了解这款应用能否流行。在确保消费者愿意使用新功能后，再做进一步提高。"就像在第七章描述的Nest温控器一样，你需要找到一个最低性能的移动产品，然后不断改进新产品。

第三，公司可以降低投资给无价值产品的风险。一些早期的移动应用程序失败了，因为它们的关注点不对，如它们更加关注金融市场而不是服务交易。而敏捷开发过程能够通过即时的市场反馈审查应用程序的效能，避免错误投资。诺德斯特龙的技术副总裁约翰·梅菲尔德说："我们现在只关注近期投资主题和六个月的正回报，不再讨论那些超过两年的投资回报。"

第四，公司该学习如何将敏捷开发应用到业务流程中，而不是仅仅应用到技术开发中。如Alex and Ani的开发团队为衣物包装而改造商店操作程序，以配合移动结账的速度。这样做对IDEA团队的业务和技术人员来说有一个意想不到的好处：业务人员能够了解到快速构建、测试和塑造客户流程的强大力量。其中最重要的一课是，让业务人员了解失败是被允许的，但要快速修正错误并向前推进。这需要有一个认识上的飞跃：只要你不会再犯同样的错误，消费者就会原谅你。但这需要将关注点转移到移动时刻上。

如果公司准备寻求帮助来启动开发系统，那么或许在公司的技术管理部门或开发部门中已经存在一个敏捷团队。如果还没有形成这样的团队，你需要仔细寻找相关教程和行动指南来发展这样的团队，类似的资料包括弗雷斯特研究公司推出的发展方法研究报告，以及迪恩·莱芬韦尔和唐纳德·赖纳特森的著作。[4]

这里已经介绍了很多关于团队结构的内容。那么如何在大公司中组织开发移动程序，并让不同部门共同服务于移动开发呢？你可以创建一个管理团队来驱动它，就像美国航空公司那样。

案例分析：美国航空公司用移动指导委员会来统筹移动时刻

在第三章，我们已经提到了美国航空公司的玛雅·莱布曼和菲尔·伊斯特尔。菲尔管理着负责开发旅行者应用的IDEA团队，玛雅是公司的首席信息官。虽然玛雅这些天忙于整合美国航空和全美航空的技术，但她还是腾出了时间来领导美国航空公司的移动指导委员会。

一旦看到了旅行者应用的成功，公司的每个商业团队（销售、市场、忠诚度管理、航班运营、餐饮、行李运输、客户服务）都希望能在移动时刻把他们的功能展现给客户。菲尔和他的团队做不了这么多，更不可能马上都做。所以他们需要一个移动指导委员会设置投入的优先级。

美国航空公司的移动指导委员会成员包括来自公司各个业务层面的主管，既有运营团队（例如销售和市场），也有可能会受到应用影响的团队（例如技术和航班运营）。只有以这种方式，公司才能从整体上调动资源，推出一个出色的移动体验。

菲尔·伊斯特尔从移动指导委员会那里拿到一份行动纲领并负责执行，他的技术机构，我们称之为“移动卓越中心”，过去三年来每年规模都要比前一年扩大一倍，到2014年达到了80名技术人员，绝大多数人是在IDEA敏捷团队。他会用到一些外部资源来做界面设计之类的事，但是移动开发已经成了该航空公司的一项核心竞争力。对于美国航空来说，移动时刻太重要，以至于绝对不能假以他手。

成立一个移动指导委员会来监管战略

很多公司的早期移动化尝试已经在差劲的应用商店评分下宣告破产了，这才引起了董事会和首席执行官们的注意，通常也只有到了那一步，高管们才会想起要筹建一个负责指导移动策略的执委会，但是最好别等到灾难发生了再亡羊补牢。就算你只是从一个单独的IDEA团队这样的小事做起，也要确保是从一个执行委员会那里获得行动许可。这会为日后的不断改进并且赢得移动时刻创造条件。

如果你是个零售商，当你的客户拿着智能手机走进商店，从质量到价格上对你构成威胁的时候，这个指导委员会将会代表整个组织做出承诺，从商店运营到移动技术平台投资，方方面面都会做出改变。不同行业面临的挑战可能不尽相同，但是保证移动指导委员会的权威，对于维持该承诺的效力来赢得移动时刻至关重要。

移动指导委员会负责监管一个公司的全部移动举措，它的工作方式通常是这样的：

该委员会一般由4~10个负责各部门的主管构成，每月碰一次面。如同美国航空公司的经验所示，因为移动会触及公司的多个部门，所以你需要一个能够代表各方意见的组织。举例而言，在星巴克，这个团队是由其首席数字官亚当·布罗特曼来领导，成员则包括了其门店各个运营区域（如数字战略、市场、法务以及技术部门）的主管。

移动指导委员会通常关注四件事：第一，移动事项的优先级。例如，是要优先关注移动市场营销，还是像ING那样优先关注交易处理？第二，衡量每项移动举措的商业成功标准是什么？例如洲际酒店会对其移动应用的测量指标及商业产出做出汇报。第三，公司是否有适用的内部人员在岗，还是要另寻付费合作伙伴？第四，投资的主要去向以及资金的来源。

该委员会同时也要负责发现问题并给出解决方案。例如，如果一个公司中的组织机构壁垒妨碍了该公司的业务人员和技术人员在IDEA团队共事，那么指导委员会可以建议从一个单独的敏捷团队开始，看看效果如何。如果公司的技术系统不足以支持移动时刻，那么移动指导委员会可能会以董事会决策的方式来支持首席信息官去投资技术，就像Home Depot公司那样。

移动卓越中心的角色

移动指导委员会是一个决策主体，它还需要一个执行机构来帮助它实施决策，这就导致了由移动指导委员会授权运作的移动卓越中心的出现（有时也叫数字卓越中心或数字转型小组）。关于移动卓越中心，目前还没有现成的组织机构模型可供参考，要建立一个最适合你的公司的移动卓越中心，需要搞清楚三件事：

第一，判断移动卓越中心是否还要包括应用开发人员（它是否会和IDEA团队的资源有所重叠）？在通用电气，其位于底特律的移动卓越中心拥有来自全公司超过 900 名员工共同从事改进客户移动体验的工作。在美国航空公司，移动卓越中心拥有 80 名全职员工。但是不是所有的移动卓越中心都要负责具体开发工作。例如，在美国西北相互人寿保险公司，移动指导委员会只任命了 10 个人，他们每周碰面来保证移动计划的正常进展，但是他们并不负责具体执行，只是和负责执行的团队、机构或集成商一起工作。

第二，弄清楚该由哪个部门来主持这个跨领域的卓越中心。一个移动卓越中心可能是电子商务组织的一部分，例如洲际酒店；可能是数字战略机构，例如星巴克；也可能是技术部门，例如美国航空公司。

第三，判断如何为你的移动卓越中心配置人员。这些职位可以是全职（如通用电气），也可以是兼职（如其他一些公司）。有些卓越中心拥有让成员轮岗以掌握相关技能的执行计划。在IBM，其开发者和产品经理会去奥斯汀设计中心上速成班。在通用电气，来自不同产品团队的成员都要到底特律工作三个月，以掌握整个流程。但是通用电气该中心其他员工都是拥有固定岗位的IDEA团队成员。

一旦你做出了这些判断，接下来就必须要确定你的IDEA团队、卓越中心以及指导委员会在决策的做出和执行中各自扮演什么角色，决策范围涉及品牌体验及开发技术（见表 12–1）。对于移动卓越中心及其背后的指导委员会而言，还需要确定在哪里培训员工，在哪里协调行动，以及在哪里控制产出。

培训员工以创造和分享最好的移动体验。有些移动体验最好是通过指导和协助来完成，而不是限制和监管。对移动时刻监测或者移动体验设计这样的活动而言，移动卓越中心更多扮演着培训的角色。例如在通用电气，移动卓越中心会以专题研讨会的形式把业务和技术团队聚合到一起。这种形式的培训能够让员工团结在一个共同的目标和兴趣之下，并且会进一步把他们引导到完成产品的最合适的方向上。

协调那些需要明确指导但是大多数人都在执行的活动。绝大多数组织不会也不应该对移动计划，甚至移动应用开发进行集中式管理。[5]移动产品的广度决定了其产出的不可控性，但只是简单地就某个主题培训员工，常常又不足以保证应用能以正常的节奏推进完成。更多时候，移动卓越中心需要去贯彻一项决定，并且围绕决策来协调相关活动。例如在一个跨国银行，移动卓越中心有时会指定软件开发工具来保证其移动应用的前后一致性。

表 12–1 移动组织运作方式示例

职责	移动指导委员会	移动卓越中心	IDEA团队
设置投入优先级	决定和监管主要投资方向	收集需求，并在此基础上给出建议	为移动应用及相关系统搭建实际情境
品牌体验预设	与市场营销人员一起完成预设	品牌体验监测	品牌体验落地实施
设计移动应用程序	把设计作为一项优先投入的工作	建立设计选项，提供培训及服务	把设计工作纳入敏捷开发流程中
开发移动应用程序及网站	保证团队和系统的支持	对流程、系统以及组织机构中的变化做出协调	创建并持续提升移动体验
安全、隐私及兼容性	对相关协议做出批准、支持以及监管	在法务、安全以及兼容性测试团队的协助下创建相关协议	遵循相关安全、隐私及兼容性协议
技能需求决策	评估技能需求，决定是通过内部培训还是付费购买来解决	创建包括薪酬水平在内的工作岗位描述	雇用或培训拥有特定技能的团队成员
搭建技术平台	优先化平台需求	加总各IDEA团队的需求	界定移动应用的平台需求

（续表）

职责	移动指导委员会	移动卓越中心	IDEA团队
管理技术选项	进行技术选项决策	推荐技术选项	遵循技术指导原则
机构管理或发展合作伙伴	保证与战略伙伴的兼容性	组织机构或集成商合作关系特许	组织机构或集成商合作关系管理

对那些会形成标准或面临风险的行为做出监控。技术团队通常掌控着安全政策，而市场营销部门常常对品牌更敏感。对于这些部门，移动卓越中心必须要坚持一定标准的兼容性。例如在思科，所有要在苹果应用商店上架的移动应用都要通过一个独立的高级主管确认。但是中心应该注意只去监管那些最具风险的事项，例如安全、品牌以及后台交易系统（如客户数据）的使用权。太多的控制将会把一个本应是支持机构的组织，变成资源调度以及成功路上的拦路虎。

关于移动时刻的人员组织，还有什么需要注意的

少数公司已经拥有了我们在本章列出的移动组织。我们已经列举出了不同公司的最佳范例，来绘制出一张优秀案例的全景。所以如果你还需要一些时间来把具体适用的组织形式落实到位，不要担心，试着从一个最基本的构件开始：一个拥有敏捷开发流程的跨领域IDEA团队。同时需要留意一些常见的错误。

要注意由于克服渠道障碍而衍生出的矛盾。如果有什么事情是十分确定的，那就是客户对于你能够在其移动设备上提供服务的期待值将会一年高过一年。所以既要留心那些狂热支持移动应用的电子商务团队，也要注意那些无视移动

给销售带来影响的实体店运营团队。在这里渠道冲突是一个必须要克服的问题，但是考虑到潜在的权限范围，这可能需要动用到甚至首席执行官级别的高层主管。

要保证即便你需要与人合作来加速整个进程，你也要学会相关所需技能，把移动时刻变成一项核心竞争力。在澳大利亚的ING Direct银行（ING集团旗下的另一家公司），其数字及新兴渠道部门主管贾内尔·麦吉尼斯通过自身经历学到了这个教训。该公司最初使用了一个混血应用（应用程序加移动网站），推出以后就没有再更新过。就像贾内尔所说的，"市场在进化，客户的期待值已经超出了我们所提供的"。在第二轮尝试中，她的团队聘请了外部专家来对应用进行设计和编码，随后又雇用了一个全职用户体验专家来持续优化公司的移动体验。如今他们已经拥有了一个四星级的应用，并且也具备了独立设计和开发移动应用的技能，以及所需的API。[6]

最后，要有足够的勇气不时地颠覆掉整个应用，从头开始。随着功能的持续增加，你的移动应用会不可避免地日益膨胀。当你再也找不到空间来勉强塞下一个新功能，或者没办法通过对现有设计模式的延展来适应新的系统时，就考虑把它丢掉吧。美国航空在这方面表现出众，在苹果将其操作系统升级到iOS7的同一天，他们就发布了一个重新设计过的移动应用。这样的举动让美国航空能够抢在其他航空公司之前推出界面漂亮而且运行优雅的新移动应用，并且为日后不断的改进提升预留了空间。这也是为什么要在IDEA团队之外成立一个移动卓越中心的重要原因——它能协助IDEA团队走出移动应用上的死胡同。

如何判断你是否走在正确的路上

在本书的第一部分，我们描述了什么是移动思维变革以及如何对待它。在

第二部分，我们展示了移动思维变革如何影响了客户接触团队。第三部分描述了如何重构你的公司和技术来实现关于移动时刻的构想。

注意问题的核心是移动时刻，而不是应用。企业必须要整合我们曾经提及的这些要素（IDEA团队、持续的改进、平台及流程重构），来赢得移动时刻。

这里是那些已经准备好在移动思维变革中取胜的公司的三个标志：

1. 公司的任何一个高级职员都能解释清楚他为什么要投资客户和雇员的移动时刻。星巴克和雀巢的成功就是这样来的。

2. 雇员能够跨越职能筒仓以及商业障碍来共同推进平台和流程相关工作，撑起一个卓越的移动时刻。这就是为什么ING和美国汽车协会联合服务银行能够形成规模化创新。

3. 商业预算持有者们都在排队，等着资助那些能够让客户和雇员在其移动时刻享受成功的新移动应用及功能。这就是为什么美国航空公司的移动应用每年都有显著提升的原因。

•••••••••••••

在下一章，我们将会让视线越过地平线，来展望十年后移动思维变革会是什么样。

THE

MOBILE

MIND

SHIFT

第四部分

未来的变革

THE MOBILE

MIND SHIFT

第十三章 **未来的变革**

——移动时刻将覆盖全球

“世界各地的儿童都是令人惊奇的。孩子的身上有那么多的希望、潜能和雄心。之后，慢慢地，这些希望和潜能被扼杀了。”金桥国际学院（Bridge International Academies）联合创始人香农·梅在谈及肯尼亚教育面临的挑战时说：“真正的问题是孩子们没有学习。如果他们不学习，就不能自立、养家、济世、报国。这会让孩子们变得脆弱。我们如何才能改变这种路径？”

香农认识到在肯尼亚改变这种路径是可能的，而且花费并不昂贵。

香农认为，要想进入现代世界，孩子们就需要一批教授优秀课程的优秀教师来帮助他们摆脱贫困。她与联合创始人杰伊·基姆尔曼以及菲尔·弗雷启动了一项利用移动技术的教育解决方案。该技术现今已经链接了250所教育机构和8万名肯尼亚学童。这个想法很简单：他们要将这项教育的成本降到日收入两美元的人也可以接受的程度，这样一来，即便所在村子没有电力或自来水，家长们也有能力把孩子送去学校学习那些经过专业设计的课程。他们希望孩子们在学校中学习的时间足够长，希望孩子们以此为基础，抓住机会，通过拼搏和考试接受高等教育，打破人生路径的循环。以上目标需要利用移动技术来达成。

这个系统是这样运行的。金桥国际学院一方面雇用内罗毕和马萨诸塞州剑桥市的专业教师设计课程和授课方式，另一方面又为这个系统的教育机构雇用当地教师和行政人员。然后由企业利用移动设备来分配授课计划。肯尼亚的乡村环境对这种技术的普及来说是一种挑战。这里有基本的移动电话网络，但有时没有电。于是，金桥国际学院另辟蹊径。他们为每个学校的行政人员配备了安装有管理、测试和账单处理软件的廉价手机。金桥通过蜂窝数据网络在手机上更新每周要用的授课材料。电话亦作为一个Wi-Fi热点，方便老师们把资料和每日课程计划下载到电子阅读器中。这些电子阅读器可以数日不用充电。授课资料显示在电子阅读器中。老师们也可以用它们录入考试成绩，这些成绩最终返回金桥总部。专业化的内容是集中的，讲授是当地化的，而学习是移动的。一个资深教师现在可以向贫困地区数千名课堂教师在线传授中学教育方法，而这批教师又将这些现代生活所必须具备的知识传授给当地数百万学生。对你来说，这听起来可能很简单。但是对别无选择的肯尼亚儿童来说，这是一场启蒙运动。每个学生每月的花费只有6美元多一点。以这个价格，金桥为数万名儿童打造了充满受教育机会的一天。他们计划在接下去的四年里，每年将学生数量扩大三倍。我们相信他们可以成功。

剧增的移动时刻定义未来

面对移动思维变革这股变化的浪潮，你需要理解一点：其规模之巨大远远超出过去的任何数字技术。

当个人电脑在80年代普及时，它们改变了一些东西。在之后的15年里，数以亿计的人坐在屏幕前开始创造他们自己的内容，而不是仅仅消费它们。工人变成了他们自己信息的主人，而非中央信息服务部门的奴隶。

当互联网和笔记本电脑在90年代普及后，人们被连接在了一起。在之后的15年中，社交媒体爆发式增长，触及10亿人。企业架设网站，使人们能够在一块屏幕前完成自助服务。工人们要求并得到了信息和彼此之间的即刻连线。消费者和工人开始将信息视为一种资源，而所有东西都在加速。

但是由个人电脑和互联网带来的改变，和即将到来的改变相比仍是小巫见大巫。这是为什么呢？因为移动细微转变将影响更多人以及他们生活中的更多部分，而且这改变将发生得更快。

如同我们在肯尼亚看到的，相比个人电脑和网络，移动技术将触及的人口远超出数十亿。移动思维变革意味着，无论问题是什么，这个星球上的多数人都将移动技术视为问题的答案。这种期望获得即时即刻协助的预期将改变我们世界的方方面面，包括你的生意。

在弗雷斯特的研究中，我们的客户要求我们展望一下未来。移动思维变革带来的变化如此深远，以至于坦白讲，我们无法告诉你十年后将会是什么样。但我们能够看到一些有趣的事情正要发生。让我们将视线从已经发生的事情转向正要发生的事情吧。

移动时刻将把所有事情连接起来填充你的生活

当我们写作这本书时，2014年，21%的美国成年网民已经发生了转变，他们变得更加依赖移动设备来完成更多的事情。这个比例在2020年很可能轻易达到50%或以上。在触摸屏和声控技术中成长起来的年轻一代消费者们将会觉得鼠标和键盘等交互设备笨重而缓慢。蹒跚学步的孩子们已经开始点击电视、平板电脑和台式机，并且期待图像舞动起来。

并不只有屏幕。交流芯片和感应器十分便宜，以至于任何现实世界的物体都可以装备。这将为我们带来众多改变：记录我们每一步足迹的可穿戴设备，向眼球投射无数媒体的眼镜，装载众多铃声以区分不同发短信人的腕表，装备身体感应器以监测我们健康状态的服装，以及可以向护理人员发送剂量信息的可吸收的药品。

这些改变意味着什么呢？也许任何人触碰到一个产品、物体或结构的任何瞬间，都可以是一个移动时刻。你会问你的衣服上周是否穿过。你的鞋子会跟你唠叨要走楼梯而不要乘电梯。你的汽车，嗯，你的车已经是一台移动电脑了，可以接入媒体、导航，提供养护信息，而且，在梅赛德斯－奔驰的Mbrace系统中，甚至可以提供哪里有可口晚餐的信息。距离出现那种知道你快到家了而提前暖房的门，和在碗里提醒你现在吃掉它正好的桃子的日子还有多久？首先是手机，然后是平板电脑。但在接下来的几年里，还会有十几种可以将你的需求转向移动时刻的设备加入。在2020年，你的顾客将拥有30多种相互连接、提供移动时刻的产品，而不仅是如今的少数几种。

如果你有一个产品，让它联网。试想一下它所连接的产品所构成的生态圈

（饮料和冰箱、轮胎和汽车、有电视墙的会议室），并且请密切关注其他物体是如何相互连接的——寻找你可以建立的合作关系。如果你有信息，缩小、细化它。可供你和你的客户进行交流的房地产已经从 19 英寸的屏幕换到了 4 英寸大小的移动设备上。接下来它将缩小到手腕或眼角膜的 2 英寸屏幕上。

如果你有软件，试想一下它们在后台自动运行的未来。下一个人们将要省去的步骤是点击每个软件。当我们在塔吉特百货公司排队的时候，我们的电话和可穿戴设备将根据我们是否有可以利用的优惠券以及是否有足够的钱付款来判断我们需要去哪儿。软件将告知我们采取行动而无须劳烦我们打开它。现在，当我们上班的路线上发生堵车时，Google会让我们早起一点，这已经让我们一窥未来。

所以，别再只想着电话和软件了。还是想一下你的顾客和员工生活中的移动时刻，以及你能为这些瞬间提供什么服务吧。

隐私将异化你或让你陷入危险

2014 年 1 月 21 日，抗议者们聚集在乌克兰基辅，他们手机上收到了这样的短信：“亲爱的用户，你已经被登记为一场大规模扰乱社会秩序活动的参与者。”[1] 天哪！通过抗议者手机所发送的定位信息来监视他们，这种监督完全是一种符合（全新）法律的行为。但是这也提醒我们在移动思维变革中，我们的每个动作是多么的清晰可见。政府、企业以及员工都会被信息的力量所吸引。国家安全局的监视行为以及企业令人震惊的违反隐私政策的行为无疑令人焦虑，而在这个充满着此种焦虑的时代，一个企业如何使用或是否滥用他们所收集的信息将决定人们对他们的看法。顾客的信任是 21 世纪品牌的基石。[2] 失去信任，就等于失去顾客。

这些移动设备与我们的生活如此密不可分，这让问题显得更为严峻。Nest公司首席执行官托尼·法代尔不得不再三向客户保证，一旦公司被Google收购，他们的资料仍将受到保护，而所有的政策改变都将被“吸收”；顾客将不得不选择共享信息，而非明确限制其使用。[3]

联网汽车会构成一个值得关注的网络。每次你启动一辆尼桑聆风汽车，它都会弹出一条信息警告你“你的汽车会向尼桑公司无线传输所记录的汽车信息”，并要求你同意或拒绝。福特的管理者最近揭示了其车载GPS所收集的信息的数量，以及尽管坚持隐私优先，但同时又承认知道一个人在何时何地超速是有可能的这样的预测。[4]

正如弗雷斯特的大数据专家、分析师布赖恩·霍普金斯所说：“你正在进入一个新商业伦理领域，这将考验你是否优先考虑客户的利益。”此刻开始，你必须将保护顾客的隐私作为你个人的职责。

如果你要开公司，就让晚餐场景来引导你的决策吧。如果在晚餐的时候你向你的孩子或父母解释你正在做的事情，他们会有何感觉呢？如果他们会皱眉头、苦笑或者面无表情，那就不要做。从信任开始。寻求在移动时刻提供服务而非进行销售。

如果你要制定公共政策，那就准备好应对惊讶的反馈吧。如果一个市民觉得由于他的移动设备或者恒温器所收集的信息使得他感觉一丝不挂似地面对监视与剥削，他就会进行猛烈的抨击。不要让公众感到吃惊。在人们感觉到危险之前就要发现情况并且将其解决掉。

如果你和年轻人相处，要教他们如何公开和分享信息。收集出生日期可能会对营销人员很有吸引力，但是却超出了一个12岁的孩子应该和品牌分享的信息范畴。要教会孩子们如何公开信息和设置隐私。

正如任何移动功能的设定一样，制定正当的隐私政策的关键同样取决于情境。[5]收集和利用个人信息应当是两相情愿并达成合意的。如果尼桑要上传你的信息，他应当问你并记住你的选择。人们很乐意让企业收集和利用数据（包括情境数据）来服务于他们，但前提是你必须保证每次收集信息都得到了适当的许可。聪明的企业仅会收集他们需要的信息来服务民众，并且仅仅在提供服务的期限内保存这些信息。如此行事的企业将赢得消费者时代所必需的信任。

移动时刻将改变现实世界

人们讨厌排队。移动时刻帮助他们跳过这一步。企业讨厌为不产生销售额的空间付费。移动时刻帮助他们避免浪费空间。移动时刻还让他们在一开始就避免建造传统的驻场零售点，就像我们在肯尼亚看到的M-Pesa 的移动时刻一样。

拥有移动航线软件的顾客不需要在柜台排队值机。各个航空公司逐步熄掉柜台的指示灯，甚至开始撤掉它们，因为乘客们可以手中拿着移动登机牌直接安检。零售店的收银台也在逐渐消失。苹果商店就没有这些。我们在第二章解释过Alex and Ani是如何利用移动设备缩减对收银台的需求的。Hointer是西雅图的一家服装店，已经将这个想法提升到了新的水平。在它的商店中，顾客们面对的是稀疏地挂着服装的架子。它们扫描条码并输入尺寸信息，然后去试衣间，衣服已经在那里准备好被试穿了。购物过程都被简化至仅剩必要步骤，店员更少，店面更简洁。

eBay是一家追求零售业新视角，对地理位置信息抱有不同看法的公司。史蒂夫·扬科维奇曾是eBay负责移动业务的副总裁。如我们在第四章所述，eBay的移动业务很大，人们通过移动应用程序所下订单量达五亿多。但是作为新任的创新事业部副总裁，史蒂夫将所有的移动商业放在脑后，将注意力放在它的“当日送达”服务上，这项交易服务可以促进当地的传统（非拍卖）销售，并将货物实时发送给身处任何地方的顾客。

“我们正在建立两个核心原则，”史蒂夫说，“第一，移动让人们变得更加缺乏耐心——他们想要立刻满意。第二，他们要控制权——特别是对物流的控制。我们利用‘当日送达’来满足顾客这两项要求。我们把他们想要的东西，在他们想要的时候送到任何他们要求的地方——哪怕是送到联合广场的公园长椅旁。”史蒂夫已经认识到，移动时刻可以随处发生，因此，重要的不是商店的位置，而是你在哪儿。

在金融服务中，银行关闭分行，不仅是因为经济压力，还因为更多的顾客正在使用在线银行和手机银行服务。第一尼亚加拉金融集团是一个分行主要集中在纽约、宾夕法尼亚州和康涅狄格州的地区性银行，正在削减分支机构并保留员工以处理更复杂的服务，因为更多的顾客选择在分行之外处理业务。2014年1月，银行的执行副总裁马克·伦杜利奇表示，40%的客户通过在线银行进行注册，而且有140 000名客户在第一年就下载了移动应用程序。[6]其他削减分行的例子还有美国银行、太阳信托银行、PNC金融服务集团、劳埃德银行、百利达银行和班基亚银行等，削减的原因部分来自对分行服务需求降低的回应。在移动思维变革中，房地产扮演了不同的角色：将人们聚在一起分享产品和服务经历。交易和服务在移动设备上进行，而不再通过岗亭或柜台进行。想象一下返还租赁汽车的人在车边接待你，给你登记。中国东方航空公司的空乘人员身着制服，用登机牌打印机迎接乘客，并在她们站立的地方为旅客们服务。每个零售分店的经验都将因移动思维变革而重构。这也许是你的固定资产，但是对于你的顾客来说，这只是另一个移动时刻可以建立或打破的经验。

移动支付将颠覆忠诚的经济学

一场移动支付的战争就要开始。Visa和万事达卡等当局者与苹果和PayPal等搅局者正在把支付服务变成电子钱包的形式，使支付变成了更深层关系的一部分。例如地铁正在利用Paydiant忠诚应用中的移动支付系统建立一个新的服务平台，并对其进行了升级，类似我们在第六章[7]中介绍的星巴克的服务升级行动。经过几年的计划，在Worldline的帮助下，2013年麦当劳在法国境内的1 200多家餐厅中部署了移动支付。这是款杀手级应用吗？通过手机点餐、餐厅取餐，省去了排队的麻烦。并且，麦当劳也拥有了一个可以向忠实顾客扩展新业务的平台，这种扩展甚至到达餐厅之外。

麦当劳数字战略和转化部主任让–诺埃尔·珀尼雄告诉我们："问题是我们怎样才能不只有一个点餐工具？我们怎样才能转变顾客的体验，在购买之前、之中、之后都带来价值？"

我们正在从试验阶段走出来，进入一个更多交易将发生在移动设备上的世界。至2018年，美国零售商将从移动设备中获得2 600万美元的支付额。[8]而这只是个开始。尽管还需要时间发展，但支付产业将在一个充满移动设备和忠诚时刻的世界中变得完全不同。

移动数据将创造更具竞争且多变的价格

我们已经看到了移动设备如何将各家的价格、店里和网上的价差、竞争者之间的价差统统揭示出来。移动购物时刻让你的客户聪明到不可能被渠道之间的差价欺骗。

移动设备也让基于用户行为表现来定价成为可能。

例如，一个移动设备现在通过用户行为表现定价，鼓励良好驾驶行为的渐进保险因此成为可能。如果司机同意将一个叫作Snapshot的插件装在汽车里来监测30天内的行车速度和加速，那么，表现良好的司机就可以得到车险最高7折的优惠。[9]

同样的，保险公司健康计划也在尝试依据用户行为表现而定价。在一个公司中，雇员及其家庭成员使用一种“健康里程”的计分系统，通过可穿戴健身设备监测锻炼状况，并鼓励使用者上报他们的健康状况、定期体检以及针对棘手的问题咨询医生。对保持健康习惯的用户甚至可以给予多达400美元的现金奖励。

以上是有关移动传感器让企业能够设计更准确的、定制化的价格的例子。但企业是否能够根据当时的条件即时调整价格，就像股价变化一样呢？新年前夜那天Uber在旧金山进行了类似尝试，准确地讲，就在日历翻到2014年那一刻的前后。午夜过后，Uber利用“价格飙升”向顾客收取了比之前几小时高出三倍多的价格，因为这个时间段的需求显著增加。因为Uber执行透明政策，因此它提前向顾客发送邮件提醒，里面有一张介绍价格收取方式的表格（如图13–1）。

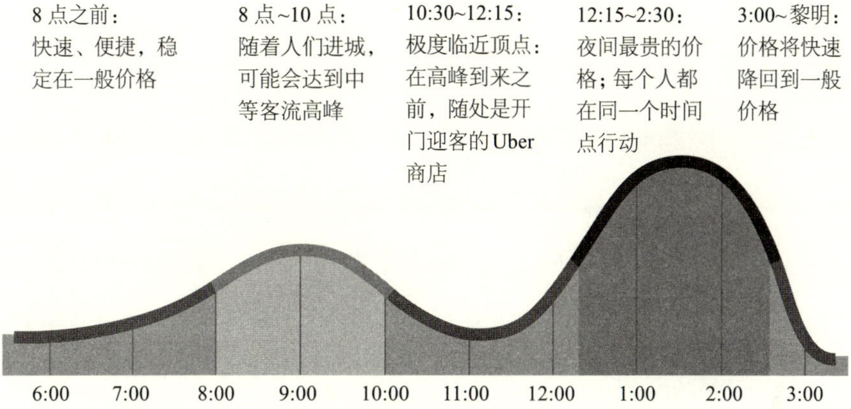

图 13–1　为实现平衡供求，Uber通知用户并实行可变价格

资料来源：UBer 2014新年前夜的博客和电子邮件通知

“什么才是准确的价格”这一问题要依信息而定。移动世界里有更多的信息（以及更多前提）可用。企业可以在需求旺盛时提价（像Uber），而向有价值的用户降价（像渐进保险）。这意味着，如果你有一段持续的客户关系，那么你必须利用你的软件和产品来抓取定制价格所必需的信息。为了让弊端最小化，你必须仿照Uber的例子，并且在进行过程中保持信息透明。而如果你不打算这样来定价，那么请做好心理准备，因为你的竞争者很可能就会这么定价。如果你的内部系统不允许你以弹性方式快速更改价格，你可能会在市场竞争改变定价机制的时候才发现自己已然步履维艰。

所有的三种定价力量都把权力交给了消费者个人，并且会奖励那些愿意把价格政策放在经营战略最前线的企业。

医药产业也会从移动时刻中获利

在第七章中，我们知道了Withings通过将一定规模的浴室连接在一起的方式把体重与健身一体化。联网的设备和移动医疗能提供更有效且性价比更高的关怀：电信医疗、联网医疗设备，甚至服用后能发射信号的药品。

几年之前，医药业巨头默克集团（Merck）的雪兰诺部门（Merck Serono）收治了一位缺乏人体增长荷尔蒙（HGH）的病人，这是英国患此病症的12名病人中的一位。这种荷尔蒙对于治疗儿童身材矮小以及从消耗性疾病中恢复而言非常重要。时任英国该部门副总裁兼总经理的唐·柯林知道，他需要探索让公司药物与众不同的新方法。

答案藏在注射药物的移动时刻里。如果默克能够展示出新药物在正确使用的时候更加有效，他就能得到更多处方订单。

唐的团队转向了能够用隐藏针头将药物注入皮下的联网医疗设备。[10]注射器底部的传感器能够感知皮肤的接触以及检测注射的深度、角度和速度——调节这些变量是探索有效治疗所必须进行的。而由于设备被联网，它也可以检测出注射的时间和地点，能够让医师和保险公司了解到患者是否在坚持治疗。

这项技术吸引了保费支付人，因为联网设备可以检测病人在疗程中的服从情况，并且可以协助实现最有效的注射剂量调节。默克的治疗方案在竞争中脱颖而出。仅仅一年，默克就将新增病人群体中的占有率从8%提高到55%。它甚至从降价的竞争对手那里抢得了市场份额。唐升职为变形杆菌数字健康（Proteus Digital Health）商业项目的高级副总裁。该公司认为药品，包括药丸，应该能够报告它们是否正在发挥作用，并在此想法的基础上建设医疗科技。

默克集团成功实施的疗法之所以效果更好，得益于联网。你的产品呢？如我们在第七章所述，许多产品正在变成大众用品。控制它们的移动软件和指示它们是否运行良好的移动传感器可以将所有的产品变得与众不同。如果你生产产品，这就是你新的竞争力。

数据将成为竞争中的新货币

更多的传感器，更谨慎的隐私政策，竞争压力下催生出的移动联网产品，以及基于现实社会信息的定价策略，所有这些潮流都有同样的模式：务必庞大的数据。

数据驱动着Google、Facebook和Flipboard的广告生意。它也扩展了Nest学习调节器、Withings浴室规模和尼桑聆风的价值。数据也是类似星巴克这样的品牌和类似丝芙兰这样的零售商从忠诚计划中发展出洞察力的首要方法。数据正飞速成为竞争武器。移动时刻创造的数据比在它之前的任何技术都要多，例如照片数据、位置元数据、文本搜索与发贴数据等。

当数千或数百万人在移动时刻分享他们即刻经历的时候，汇聚起来的数据是能量巨大、有竞争力的武器，也是一种有益的力量。当市民们用移动应用程序报告路面坑洞或烧坏的路灯时，波士顿市可以修理被环极涡旋破坏的道路。当MyFitnessPal从超过四千万的客户群中收集资料的时候，很容易就可以建立包含三百万种食品的营养信息数据库。

来自人群的数据重塑了地图。你可以从iPhone手机里的Google地图得知一个商店或道路关闭了的信息。Waze自动收集小路和大道上的交通速度以及抛锚、事故和修路等信息。它利用这个信息为司机重新规划路线以避开交通拥堵（并在此过程中将一度安静的街道变成高峰时期的辅道）。在巴基斯坦拉合尔，一部廉价的移动设备让市政工人监测杀虫剂使用并向公众汇报数据。城市卫生部门再将该信息同登革热——一种蚊虫传播的疾病——的感染区联系起来，来考察健康策略的实施效果如何。在一年内，随着移动数据介入以及杀虫剂项目的推进，登革热确认病例从 21 292 例陡然降至只有 255 例（无死亡病例）。[11]

企业也可以用新的方式录入顾客信息。英国最大的购物中心拥有者，每年有 35 亿顾客的Intu公司（Intu Properties）已经将“数字连接”作为其核心战略。它提供免费Wi-Fi并且在着手制作一个商场导航软件。然后它利用思科无线技术收集数据，涉及人们的行走路线（内部足迹监测）以及他们在哪停留（徘徊时间分析）。Intu的首席信息官吉恩·富格尼解释道，Intu将利用这些数据同其零售伙伴合作，引导顾客走向并提供升级。

最后，每个移动应用程序开发团队都将更加重视从移动设备收集到的顾客数据。Nest实验室通过监测人们使用温度调节器的方式和调节器所在的房间来引导人们节约能源。Nike+ FuelBand告诉消费者在同类群体中他们的身体状态处于什么水平。iQ杂货店（Grocery iQ）利用所收集的数据向购物者提供打折券。

关键是数据科学家和分析师们可以将这股数据的洪流转化为有用的情报。除非你将数据综合转化为洞察力，否则数据是体现不出价值的。作为成熟的移动设备用户，IDEA循环中分析的这个环节正是企业愿意投资以获得长远优势的地方。

如何在移动的未来中出奇制胜

现在你已经知道了移动时刻是如何改变在雨中等待下一任教皇的人们的预期的，以及它怎样转变了出租汽车公司在雨中摆渡乘客的方式。你见证了在零售、交通、媒体、银行和医疗保健领域中的颠覆性的变革。你也经历了消费品行业、制造业和服装业扩大的商业模式。

而这仅仅是序幕。

此后的十年，任何没有建立在移动时刻之上的商业看起来将会向磁带播放机一样过时。

你需要深谋远虑。

像Intuit首席执行官布拉德·史密斯一样思考，他要求公司制定五年规划，而不是季度计划。他创立了一个首席执行官基金，对那些可能在今年内都不会有成果，但在这个飞速变化的世界必须要发展的想法进行投资。你也需要这样做。

想象一下投入1 500万美元你便可以把握变革公司甚至完全颠覆行业的移动时刻。想象一下一个十人的团队，三个合伙人，以及之后三年可用的很多技术。你将怎样用这笔钱？立下宏图大志，并进行颠覆性思考，这是正准备进入你所在行业的创业者们思考的方式。（欲了解更多关于“颠覆性思维”的内容，参见詹姆斯·迈克奎维关于此话题的权威著作《数字颠覆》。[12]）如何实施你的想法？这里提供四个原则：

1. 从顾客和资产开始。不要从你现在的业务开始思考。为你的顾客着想——他们需要什么？最大的问题是什么？当强生集团为它的家长和婴儿着想时，它认识到他们可以帮助家长把婴儿哄上床。这就是为什么他们设计了叫作“上床时间”的软件，而不是叫移动婴儿爽身粉。或者，想想你的资产——合作关系、工厂和研发能力。你可以通过什么样的新方式将这些资产应用到移动时刻的世界？

2. 为移动时刻进行设计。这是你能找到顾客的地方。即使他们在你的商店里，他们是移动的。即使他们在你的网站里，他们是移动的。即使他们在等待你呼叫中心的代理人，他们也是移动的。这就意味着你必须“跟他们回家”，Intuit首席执行官布拉德·史密斯如是说。了解他们的习惯和背景，因为你在意为他们服务。了解他们关心的任务，他们想采取的行动，他们需要什么信息来使自己对下一步行动感到自信。

3. 租你需要的，拥有你必需的。不要在一开始就指望拥有所需的全部设备和技能。租用服务器和软件，雇用专业人员，一群技术与服务同事正等着伸出援手。但不要放弃必要的主动权，将合作伙伴的技能转移到你的员工身上，建立长期关系。为成功付款，而不只是为任务的完成而付款。

4. 启动、学习和调整。没人第一次就能成功。这就是为什么我们在这本书中从头到尾一直在强调灵活的、多学科的团队构成的重要性。我们采访到的成功人士都不是独自完成任务的。团队包括商业市场营销、设计以及技术人员，他们用两到三周的时间进行研发冲刺并有持续性的改进周期。这个想法下面蕴含着很多：测试每个设备和网络、搭建起正确的反馈环路、仔细聆听、分析所收集到的数据、快速维修损坏的东西和解释原因。所以从一个小的合同开始想，但是要考虑好进一步发展和改进的计划。把你的行政人员和你的团队聚到一起，对此进行头脑风暴，目标在于找到赢得移动时刻的最好的想法。并且在此之后，不要直接回家。制定计划并付诸实施。移动思维的变革将震撼世界。这是不可避免的。唯一的问题在与，是你，还是别人，能够首先掌握主动权。

接下来要做的

如果你想要知道如何按照你刚刚读到过的内容来采取行动？这里是一些接下来你可以去做的事：

- **获得帮助**。我们很乐意和你以及你的公司共同探讨移动思维变革的战略和执行。我们可以帮助你了解你的客户的移动思维变革，识别客户和员工的移动时刻，提出或完善你的移动战略，访问网页http://mobilemindshift.com以联系我们或了解更多。
- **获取资源**。访问http://mobilemindshift.com以获得补充报告、互动工具以及关于移动思维变革的自我评测。
- **预约讲座**。我们可以在你的公司或公开活动中演讲，来就如何迎接移动思维转型的话题鼓励和培训员工。演讲预约请访问speakersbureau@forrester.com。
- **线上联系**。这里是我们的线上联系方式

	Twitter	博客
弗雷斯特研究公司	@forrester	blogs.forrester.com
泰德·谢德勒	@TedSchadler	blogs.forrester.com/ted_schadler
乔希·贝诺夫	@jbernoff	blogs.forrester.com/josh_bernoff
朱莉·阿斯克	@JulieAsk	blogs.forrester.com/julie_ask

致谢

这是一本很难写的书，凝聚了很多人的心血，大家的每一份贡献都至关重要，在这里我们表示衷心的感谢。

首先要感谢这次协作中的莉齐·里克瓦尔特，作为本书写作项目的研究助理，她负责安排了很多采访，追踪它们的进度，在分析师或作者们为了不知道什么原因，跑去不知什么地方旅行的时候，保持着这个疯狂项目的进展——而且这全都发生在她工作的最初六个月。没有她以及南希·王、格里芬·马格拉斯还有基恩·迪的帮助，就没有这本书的最终面世。

弗雷斯特研究公司的关于移动的知识多到令人恐怖，我们充分利用了这一切。尤其是托马斯·于松，从他那里我们收获了很多国际视角，以及约翰·麦卡锡，他和泰德共同完成了我们对于系统互动分析的最初构想。朱莉的很多关于移动和情境的基础性研究，都和来自我们的移动开发大师杰弗里·哈蒙德的深刻洞见密不可分。我们也充分受益于这些人的集体智慧，他们是：戴恩·安德森，库尔特·布里特纳，维多利亚·博夫，约翰·布兰德，埃里克·布朗，马特·布朗，戴维·库珀斯坦，约翰·代尔顿，迈克尔·法瑟米尔，奈杰尔·芬威克，查尔斯·戈尔文，JP·刚德，卡地亚杨·古普塔，布拉德·赫尔姆斯，加里·约翰逊，派蒂·弗里曼–伊文思，克里斯蒂安·凯恩，哈立德·卡克，TJ·凯特，克雷格·勒克莱尔，狄安娜·劳福，沙林·立弗，马克·林德沃尔，蒂亚戈·洛古蒂斯，詹姆斯·麦克维，苏乍立达·穆尔普鲁，梅丽莎·帕里什，米歇尔·佩里诺，道格·罗贝热，莎拉·洛特曼·艾普斯，龙·罗格夫斯基，克雷·理查德森，蒂姆·希迪，詹姆斯·斯塔滕，布莱恩·王，克兰德·威利斯，珍妮·怀瑟。同时也要感谢玛丽·比奇和纳坦·亚伯拉罕，以及亚洲的相原友子、克里斯·珀赖因和梅纳德·张。

非常感谢弗雷斯特的高层领导们——克里夫·戈登，丹尼斯·范林根，汤姆·鲍曼，艾伦·戴利，当然，还有乔治·克罗尼给予我们的全力支持，无论是在精神上还是预算上。

洞察取决于数据。在本次写作中，数据的产生来自洛克希·施特罗门格组织实施的一项关于移动态度和期待值的调查，他以他的创意性洞察影响了整个话题，而且这项调查也最终成为移动思维变革指数的基础。科林·坎贝尔付出了孜孜不倦的努力来保证我们的数据准确和有用，该工作也得到了来自维克拉姆·塞加尔和杰夫·雷的大力协助。安贾利·莱为我们带来了来自在线社区中社区对话的深刻洞见。

多亏了可敬的瑞安·莫里尔帮忙，这本书里的数据图表才能更加漂亮。延斯·屈特在剩余部分图表的制作中曾经不止一次地对我们施以援手，帕迪·麦科布、莎拉·鲁卡克以及整个弗雷斯特设计团队负责设计了书籍封面并指导了其他设计工作。梅利纳·麦克戈文为整部书稿提供了非常专业的文字编辑加工。

这本书的成功部分有赖于我们优秀的营销人员，艾丽卡·沙欣在统率我们的营销精英方面十分高效，他们包括：卡桑德拉·卡拉瓦，珍妮·卡斯塔涅达，杰夫·恩斯特，安纳罗斯·基策尔曼，艾米·刘易斯和丽萨·沃克尔。我们无与伦比的广告团队包括：拉拉·科尔，菲儿·勒克莱尔，西蒙内·莱温，劳拉·莫兰，德博拉·吴，贝琳达·西梅尔林克以及约恩·西蒙斯。

盖尔·曼是我们名副其实的顾问。

我们也要感谢来自Greenleaf图书集团的出版团队的杰出贡献，他们是：霍布斯·阿里森，布莱恩·卡罗尔和凯米·史密斯。

最后，还要感谢在这段艰苦工作期间，一直默默忍受并支持我们的家人——戴尔德丽，索菲和罗里；金伯利，雷和伊萨克；还有詹姆斯。

感谢所有让移动思维变革成为可能的企业家、技术专家、移动开发者、设备制造商以及云端工程师们。我们已经准备好了迎接你们为我们创造的这个新世界。

泰德·谢德勒、乔希·贝诺夫以及朱莉·阿斯克

于马萨诸塞州剑桥以及加利福尼亚州旧金山

THE
MOBILE
MIND
SHIFT

研究方法

本书中的绝大部分数据都是来自弗雷斯特研究公司在2013年9月，对8 249名18~88岁的美国人进行的2013年第三季度美国移动思维变革在线调查。因为结果是来自对8 249名调查对象的随机抽样，置信度达95%，对年龄在18岁以上的美国整体在线人口真实水平的反映，其结果能达到正负1.08%的统计学精确率。弗雷斯特按照年龄、性别、收入、宽带使用以及种族对数据进行了加权处理，以达到对美国在线成人（按照至少每周上网一次来定义）人口统计学上的代表性。经过加权处理后的样本数量为8 224人（注：为了使样本能够更好地代表总体，加权处理后的样本规模可能会与实际的调查对象数量有所出入）。样本抽取自MarketTools的一个在线样本库，作为回报，调查对象们可以收到用于兑换奖品的点数。由MarketTools提供的样本库并不是来自随机抽样，但是用于具体调查的个体是从MarketTools提供的样本中随机抽样生成的。他们在进入之前的MarketTools样本库时曾经过人为选择。

国际数据来自另外四个调查，具体如下：

关于2013年北美洲科技消费学®在线基准调查，弗雷斯特在2013年4月实施了一项针对年龄在18~88岁之间的61 167名美国人以及5 800名加拿大人的在线调查。因为结果是源自对61 167名美国人以及5 800名加拿大人的随机抽样，有95%的置信度，对于年龄在18岁以上的美国整体在线人口的真实水平的反映，能达到统计学上正负0.4%的精确率；对于年龄在18岁以上的加拿大整体在线人口的真实水平的反映，能达到统计学上正负1.3%的精确率。弗雷斯特按照年龄、性别、收入、宽带应用以及种族对所获数据进行了加权处理，以达到对美国和加拿大在线成人（按照至少每周上网一次来定义）人口统计学上的代表性。经过加权处理后的样本数量，美国为61 104人，加拿大为5 778人。（注：为了能使样本更好地代表总体，加权处理后的样本规模可能会与实际的调查对象数量有所出入。）需要注意的是，参与在线调查的研究对象通常都是上网经验更多并且更乐于采用在线交易的人。

关于2013年亚太区科技消费学®在线基准调查，弗雷斯特在2013年5月实施了针对9 007名个体的在线调查。范围包括澳大利亚、印度尼西亚、日本、韩国、中国都市区（包括北京、成都、大连、广州、南京、宁波、上海、沈阳、苏州、武汉、西安）、中国香港以及印度都市区（包括阿默达巴德、班加罗尔、钦奈、海得拉巴、斋浦尔、加尔各答、孟买、新德里、浦那）。这次调查的样本来自Ipsos-MORI在线样本库中超过18岁（含18岁）的在线人口。Ipsos对来自各国的数据按照年龄、性别、地理位置分布进行了加权处理，来实现对各国在线人口的充分代表。在中国都市区，所得数据还按照不同城市的收入水平进行了加权。在印度都市区，数据也进行了加权。因为结果是来自对9 007名个体的随机抽样，有95%的置信度，对于这些国家年龄在18岁以上的全部在线人口（按照至少每周上网一次来定义）的真实水平的反映，其结果的统计学精确范围是在正负2%~4.3%之间。经过加权处理后的样本数量为9 007人（注：为了使样本能够更好地代表总体，加权处理后的样本规模可能会与实际的调查对象数量有所出入）。需要注意的是，这是一个在线调查，参加在线调查的研究对象通常都是上网经验更多并且更乐于在线交易的人。为了充分代表整体在线人群，数据已经按上述指标进行了加权处理，但是这样的样本偏差可能会导致和线下所收集数据的结果不同。Ipsos所使用的样本并不是随机样本，但是用于具体调查的个体是从Ipsos的样本中随机抽出的，他们在进入之前的Ipsos样本库时曾经过人为选择。

关于2013年欧洲科技消费学®在线基准调查，弗雷斯特在2013年5月实施了针对22 027名欧洲人的在线调查，范围包括英国、法国、德国、意大利、荷兰、波兰、西班牙、瑞典、土耳其。调查样本来自Ipsos-MORI在线样本库中16岁以上（含16岁）的在线人口。Ipsos对数据按照年龄、性别以及在线频率进行了加权，来实现对各国在线成人人口统计学上的充分代表性。在土耳其，数据只按照年龄和性别进行了加权。由于结果是源自对22 027个样本的随机抽样，有95%的置信度，对西欧16岁以上全部在线人口（按照每周至少上网一次来定义）真实情况的反映，其结果能达到正负0.7%的统计学精确率，如果数据是在国家层面分析的话，置信区间将会上升到3.1%。经过加权处理后的样本数量为22 027人（注：为了使样本能够更好地代表总体，加权处理后的样本规模可能会与实际的调查对象数量有所出入）。需要注意的是，参加在线调查的研究对象通常都是上网经验更多并且更乐于在线交易的人。为了充分代表整体在线人群，数据已经按上述指标进行了加权处理，但是这样的样本偏差可能会导致和线下所收集数据的结果不同。Ipsos所使用的样本并不是随机样本，但是用于具体调查的个体是从Ipsos的样本中随机抽出的，他们在进入之前的Ipsos样本库时曾经过人为选择。

关于2013年拉丁美洲科技消费学®在线基准调查，弗雷斯特在2013年5月实施了一项针对年龄在16~75岁之间的5 994名调查对象的在线调查，范围包括阿根廷、巴西、墨西哥的都会区或自治州（省份），由于结果源自对调查对象的随机抽样（阿根廷1 995人，巴西2 001人，墨西哥1 998人），有95%的置信度，对各国大都会地区16岁以上全部在线人口真实情况的反映，其结果能达到正负2.2%的统计学精确率，弗雷斯特按照年龄、性别、社会经济水平（ABC_1、C_2和C_3层级代表阿根廷；AB_1、B_2、C_1C_2代表巴西；ABC+、C、D+代表墨西哥）和所属城市对数据进行了加权。经过加权处理后的样本数量为594人（注：为了使样本能够更好地表总体，加权处理后的样本规模可能会与实际的调查对象数量有所出入。）需要注意的是，这是一个在线调查，参加在线调查的研究对象通常都是上网经验更多并且更乐于在线交易的人。为了充分代表整体在线人群，数据已经按上述指标进行了加权处理，但是这样的样本偏差可能会导致和线下所收集数据的结果不同。IpsosLivra所使用的样本并不是随机样本，但是用于具体调查的个体是从IpsosLivra的样本中随机抽出的，他们在进入之前的IpsosLivra样本库时曾经过人为选择。

关于2013年俄罗斯科技消费学®在线基准调查，弗雷斯特在2013年5月实施了一项针对2 000名16岁以上俄罗斯在线人口的在线调查，样本取自Ipsos-MORI在线样本库。Ipsos按照年龄、性别对数据进行了加权，来保证对俄罗斯城市地区在线成人人口统计学上的代表性。由于结果源自对2 000名调查对象的随机抽样，有95%的置信度，对俄罗斯城市地区16岁以上全部在线人口（按照每周至少上网一次来定义）真实情况的反映，其结果能达到正负2.2%的统计学精确率。需要注意的是，参加在线调查的研究对象通常都是上网经验更多并且更乐于采用在线交易的人。为了充分代表整体在线人群，数据已经按上述指标进行了加权处理，但是这样的样本偏差可能会导致和线下收集数据的结果不同。Ipsos所使用的样本并不是随机样本，但是用于具体调查的个体是从Ipsos的样本中随机抽出的，他们在进入之前的Ipsos样本库时曾经过人为选择。

THE MOBILE MIND SHIFT

尾注

本书中的很多信息都是来自作者们对书中提到过的相关公司及其负责人的面对面、电话或邮件访谈。没有明确标注的事实及引用或是出自公开资源，或是出自这些私人访谈。

在这些附注中，当需要引用的网址比较长的时候，我们一般会以这样的形式给出http://forr.com/mmsX-Y。提供这些站点是为了方便读者查阅，你可以在线访问这些网站。

需要注意的是，在所有附带网址的引用中，网络内容有时会被修改或删除。截至本书完成的时候，这些内容还是有效存在的。

这里很多引用都是来自弗雷斯特的研究报告。如果你是一名拥有相关权限的弗雷斯特客户，根据引用地址你可以在线访问报告页面，阅读或下载报告全文。如果你还不是弗雷斯特的客户或者没有相关权限，在该页面上你可以看到一个简短的报告摘要。如果仍然对全文感兴趣的话，可以进一步注册成为弗雷斯特的客户或直接购买该报告。

第一章

1 Nathan Ingraham, "Apple announces 1 million apps in the App Store, more than 1 billion songs played on iTunes radio," *The Verge*, October 22, 2013, http://forr.com/mms1-1 .

2 Song Jung-a, "South Korean mobile messenger app expands reach into Asia," *The Financial Times*, November 5, 2013, http://forr.com/mms1-2 .

3 Susan Huynh, "World Smartphone Adoption Forecast, 2012 To 2017 (Global)," Forrester report, March 25, 2013, http://forr.com/mms1-3a; Michael O'Grady and Vikram Sehgal, "The Worldwide Tablet Forecast," Forrester report, June 13, 2013, http://forr.com/mms1-3b.

4 "February 2014 Web Server Survey," Netcraft, http://forr.com/mms1-4.

5 Results from 158 community members in Forrester Research's ConsumerVoices, a market research online community that synthesizes qualitative insights on consumer technologies and behaviors. This is a community of 600 individuals in the US and 600 individuals in the UK, http://forr.com/mms1-5.

6 David M. Cooperstein, "Competitive Strategy In The Age Of The Customer," Forrester report, October 10, 2013, http://forr.com/mms1-6.

7 James McQuivey, *Digital Disruption: Unleashing the Next Wave of Innovation* (Amazon Press, 2013) http://forr.com/mms1-7.

8 Andrew S. Grove, *Only the Paranoid Survive: How to Exploit the Crisis*

Points That Challenge Every Company (Crown Business, 1999), http://forr.com/mms1-8 .

9 To avoid the awkward "his or her" formulation, we balance pronouns in this book, referring to generic customers, workers, or executives with female pronouns in odd-numbered chapters and male pronouns in even-numbered chapters.

第二章

1 Julie A. Ask, "The Future Of Mobile eBusiness Is Context," Forrester report, May 1, 2012, http://forr.com/mms2-1.

2 "The Home Depot's CEO Hosts 2013 Investor and Analyst Conference (Transcript)," Seeking Alpha, December 11, 2013, http://forr.com/mms2-2. Frank Blake is the chairman and CEO of The Home Depot. Matt Carey is the head of technology responsible for applications like these. Because the effort has Frank's commitment, the company is ready to cut across organizational boundaries to achieve the goal.

3 Shelly Banjo, "Home Depot To Offer Same Day Delivery," *The Wall Street Journal*, December 11, 2013, http://forr.com/mms2-3.

4 Geoffrey Moore, "A Sea Change in Enterprise IT," *AIIM,* January 17, 2011, http://forr.com/mms2-4.We interviewed Geoffrey Moore to get his thoughts on our defnition of systems of engagement, http://www.geofreyamoore.com.

5 Forrester Research interview with Zappos in 2011. The company has since rectifed the problem and now offers a 4.5 star app in Apple's App Store that offers the

same inventory and pricing as the online site. It uses a hybrid mobile app design to do it.

第三章

1 Austin Carr, "Facebook Mobile Ad Revenue Rockets 478% Year-Over-Year," *Fast Company*, October 13, 2013, http://forr.com/mms3-1.

第四章

1 Josh Bernoff and Ted Schadler,*Empowered: Unleash Your Employees, Energize Your Customers, and Transform Your Business*, (HBR Press, 2010). We describe how E-Trade frst embraced mobile trading on page 75.

2 Rating information retrieved from Apple App store on January 15, 2014. Refers to all versions of the iPhone app, http://forr.com/mms4-2.

3 In this chapter, differences that we describe as statistically signifcant are signifcant at the 5% level. However, many of these differences are also signifcant at the 1% level.

4 The Mobile Expectation Scores for all the Mobile Intensity segments show statistically signifcant differences from each other.

5 When reading comparisons between countries on the Mobile Mind Shift Index, keep three caveats in mind: First, we only survey online consumers. Second, we weren't able to conduct these surveys simultaneously—while all the data is from 2013, the US data is a few months more recent than the Asian data, for example.

And fnally, for practical reasons, we survey only metropolitan consumers in the countries labeled “Metro” in this chart—Argentina, Brazil, China, India, Mexico, and Russia—so it’s not strictly accurate to compare scores in those countries to the others.

第五章

1 Susan Huynh, “Forrester Research Mobile Commerce Forecast, 2012 to 2017 (US),” Forrester report, August 8, 2012, http://forr.com/mms5-1.

2 “Smartphones will Infuence $689 Billion in Retail Store Sales by 2016: Deloitte Study,” Deloitte, June 27, 2012, http://forr.com/mms5-2.

第六章

1 Mike Dano, “Starbucks counts 10M active mobile customers, 4M mobile payments per week,” *FierceMobileIT* , April 29, 2013, http://forr.com/mms6-1.

2 Sean Corcoran, “No Media Should Stand Alone,” Forrester report, December 16, 2009, http://forr.com/mms6-2. If you’re familiar with the well-known concept of owned, earned, and paid moment, you may see a parallel here. The owned/earned/paid media concept was embraced by thinkers including Pete Blackshaw (now at Nestlé) and former Forrester Research analyst Sean Corcoran.

3 Jay Baer, *Youtility: Why Smart Marketing is About Help, Not Hype*,” (Portfolio Hardcover, 2013) http://forr.com/mms6-3.

4 Harley Manning and Kerry Bodine, *Outside In: The Power of Putting*

Customers at the Center of Your Business , (New Harvest, 2012) http://forr.com/mms6-4.

5 The 100 minutes per week statistics for Line users applies to traffic in September 2013.

第七章

1 Steven Levy, "Brave New Thermostat: How the iPod's Creator Is Making Home Heating Sexy," *Wired*, October 25, 2011, http://forr.com/mms7-1.

2 Christopher Mines and Michele Pelino, "Mapping The Connected World," Forrester report, October 31, 2013, http://forr.com/mms7-2.

3 Jeff St. John, "Whirlpool Launches the Wi-Fi Smart Appliance," Greentech Media, April 25, 2013, http://forr.com/mms7-3.

4 Sarah Perez, "Apple's App Store Hits 50 Billion Downloads, 900K Apps, $10 Billion Paid To Developers; iTunes Now With 575M Accounts," *TechCrunch*, June 10, 2013, http://forr.com /mms7-4.

5 Of course dads use Philips products, too, but the company knows that its primary market is mothers and concentrated on learning more about what mothers need.

6 Eric Ries, *The Lean Startup: How Today's Entrepreneurs Use Continuous Innovation to Create Radically Successful Businesses* (Crown Publishing Group, 2011) http://forr.com/mms7-6. Eric Ries has written about the principle of minimum viable products.

7 Ajaz Ahmed and Stefan Olander, *Velocity: The Seven New Laws for a World Gone Digital* (Random House UK, 2012) http://forr.com/mms7-7.

8 Tony Long, "Jan. 28, 1807: Flickering Gaslight Illuminates Pall Mall," *Wired*, January 28, 2008, http://forr.com/mms7-8.

9 "iPads to make street lights smarter," *West London Today*, http://forr.com/mms7-9.

10 "LeafNut controls Westminster's Christmas lights," *LEDs Magazine*, November 30, 2012, http://forr.com/mms7-10.

第八章

1 "Nike Redefines 'Just Do It' With New Campaign," Nike, August 21, 2013, http://forr.com/mms8-1.

2 Brian Dolan, "Why Aetna acquired iTriage app maker Healthagen," *MobiHealthNews*, December 16, 2011, http://forr.com/mms8-2.

3 Dara Kerr, "Google reveals it spent $966 million in Waze acquisition," Cnet, July 25, 2013, http://forr.com/mms8-3.

4 Matt McFarland, "How iBeacons could change the world forever," *Innovations* (blog), *The Washington Post*, January 7, 2014, http://forr.com/mms8-4.

5 Megan Rose Dickey, "Insanely Popular Game Candy Crush Saga Is Bringing In An Estimated $633,000 A Day," *Bloomberg Business Insider*, July 8, 2013, http://forr.com/mms8-5.

6 Bradley Johnson, "10 Things You Should Know About the Global Ad

Market," *Ad Age*, December 8, 2013, http://forr.com/mms8-6.

7 Michael O'Grady, "Forrester Research Mobile Advertising Forecast: 2013 To 2018 (US)," Forrester report, May 2, 2013, http://forr.com/mms8-7.

8 Susan Huynh, "World Smartphone Adoption Forecast, 2012 To 2017 (Global)," Forrester report, March 25, 2013, http://forr.com/mms8-8a; tablet forecast: Michael O'Grady and Vikram Sehgal, "The Worldwide Tablet Forecast," Forrester report, June 13, 2013, http://forr.com /mms8-8b. People, particularly in developing economies, choose tablets and smartphones over computers as their first device. Wireless access, subsidized purchase models, and lower cost are three reasons why.

9 "Kenya Uses Text Messages To Track Elephant," CBS News, October 11, 2008, http://forr.com /mms8-9.

10 Craig Le Clair, "Business Agility Drives Higher Performance," Forrester report, November 12, 2013, http://forr.com/mms8-10.

第九章

1 Frank E. Gillett, "Info Workers Will Erase The Boundary Between Enterprise And Consumer Technologies," Forrester report, February 21, 2013, http://forr.com/mms9-1. Two forces cause this massive adoption. First, mobile devices and wireless networks flow directly from home to work as employees find creative ways to use personal devices to get work done in markets as diverse as farming in Kenya, fishing in Sri Lanka, and manufacturing in the Philippines. Second, more companies deploy cloud-hosted applications to new kinds of employees that previously had no

computer at all. We've looked at many of these examples in this book already.

2 Kathleen Masterson, "Reducing fertilizer waste with GPS," *Harvest Public Media*, January 2, 2012, http://forr.com/mms9-2.

3 Paul E. Waggoner, "James Gordon Horsfall: Nonconformist and Founding Father," *Annual Review of Phytopathology* 41 (September 2003): 27–39, http://forr.com/mms9-3.

4 US Mobile Mind Shift Online Survey, Q3 2013, Forrester Research.

5 "Josh Constine, "Dropbox Hits 200M Users, Unveils New 'For Business' Client Combining Work And Personal Files," TechCrunch, November 13, 2013, http://forr.com/mms9-5.

6 Your company controls your business Dropbox for your work files, complete with security and sharing privileges. When you leave the company, your business Dropbox and its files disappear from your devices, but you keep your personal Dropbox with your personal files.

7 "BBVA banks on the Google cloud," BBVA press release, January 11, 2012, http://forr.com/mms9-7.

8 This information comes from APAN.org and Forrester interviews. The All Partners Access Network (APAN) is an unclassified, non-dot-mil network providing interoperability and connectivity among partners over a common platform. APAN fosters information exchange and collaboration between the United States Department of Defense (DoD) and any external country, organization, agency, or individual that does not have ready access to traditional DoD systems and networks.

9 "Disaster Response: APAN Aids in Haiti Relief Efforts," APAN, http://forr.com/mms9-9.

第十章

1 "Nordstrom Reports March Sales," Nordstrom press release, April 5, 2012, http://forr.com /mms10-1.

2 Brad Strothkamp, "Case Study: USAA Makes Mobile Remote Deposit A Core Mobile Offering," Forrester report, November 11, 2011, http://forr.com/mms10-2. USAA found demand for its mobile services to be *six times higher* than it originally forecast.

3 Mark Walsh, "ESPN's Mobile Traffic Edges Desktop Again," *Online Media Daily*, November 26, 2013, http://forr.com/mms10-3.

4 Michael Facemire, "Mobile Needs A Four-Tier Engagement Platform," Forrester report, October 18, 2013, http://forr.com/mms10-4.

5 Drew Fitzgerald, "Avon to Halt Rollout of New Order Management System," *The Wall Street Journal*, December 11, 2013, http://forr.com/mms10-5.

6 George Colony and Peter Burris, "Technology Management In The Age Of The Customer," Forrester report, October 10, 2013, http://forr.com/mms10-6.

第十一章

1 Ted Schadler and John C. McCarthy, "Wanted: Mobile Engagement Providers," Forrester report, August 6, 2013, http://forr.com/mms11-1. Companies

will spend roughly three times as much on internal systems and process changes as they do with development partners. As the market for mobile engagement services grows to $32.4 billion by 2018, that means they will spend $130 billion in total. The text cites and updated projection of $189 billion that was not yet published at the time this book went to press.

2 Megan Burns, "The Customer Experience Index, 2014," Forrester report, January 21, 2014, http://forr.com/mms11-2.

3 Ted Schadler and John C. McCarthy, "Mobile Is The New Face Of Engagement," Forrester report, February 23, 2012, http://forr.com/mms11-3. Atomizing the process means breaking it down into its discrete components so they are readily accessible on a tiny screen in a few moments of time. The challenge is what to do with your complex SAP and legacy transaction systems. You will need to expose only enough functionality to take the next step.

4 Jeffrey S. Hammond, "Building Five-Star Apps," Forrester report, November 7, 2012, http://forr.com/mms11-4. There are hundreds of thousands of mobile apps out there, and they're all competing for the same mobile users. If you want to reach your customers with a custom mobile app, then you want to make sure you create one that will get high ratings. We spoke with more than a dozen leading mobile app developers about how they build, test, and release their top-rated mobile apps. We've identifed the common development best practices that these shops use to help you build your own fve-star app.

5 "TV Viewers Rate AT&T U-verse Highest in Customer Satisfaction in J.D.

Power Study," AT&T press release, September 26, 2013, http://forr.com/mms11-5. According to the release, "AT&T U-verse received the highest numerical score among television service providers in the North Central region in the proprietary J.D. Power 2013 US Residential Television Service Provider Satisfaction Study. The study was based on 22,593 total responses measuring eight providers in the North Central region (IL, IN, MI, OH, WI) and measures consumer satisfaction with television service. Proprietary study results are based on experiences and perceptions of consumers surveyed in November 2012 and January, April, and July 2013. Your experiences may vary."

6 Craig Le Clair, "Smart Process Apps—One Year Later," Forrester report, December 10, 2013, http://forr.com/mms11-6. A new software category—which we call smart process apps—helps employees tackle the untamed processes that most frms struggle with. These apps put people first, are lighter, easier to change, assume mobile, and use big data and analytics to predict events and drive actions. This report provides a snapshot of current trends in the emergence of smart process apps.

7 "Mondelēz International Celebrates Its First Anniversary," Mondelēz International press release, October 1, 2013, http://forr.com/mms11-7.

8 Tcho reports that its Peruvian farmers took the top fve spots in the "VI Concurso Nacional de Calidad" contest in 2012.

9 Clay Richardson, "Design For Disruption: Take An Outside In Approach To BPM," Forrester report, June 14, 2013, http://forr.com/mms11-9. To redesign processes for mobile moments, business architects and business process professionals

will need to shift from "systems thinking" paradigms that emphasize process modeling to "design thinking" paradigms that emphasize creativity and customer experience. This will require teams to adopt emerging strategies and practices for integrating design-thinking principles into their business process management initiatives.

10 Michael Hammer, "Reengineering Work: Don't Automate, Obliterate," *Harvard Business Review* (July/August 1990), 104–112.

11 Ted Schadler and John C. McCarthy, "Mobile Is The New Face Of Engagement," Forrester report, February 23, 2012, http://forr.com/mms11-11. Here we defne mobile as: Devices that are mobile; applications designed specifcally to run on mobile devices; communications equipment to support mobile devices; consulting services to provide guidance to companies on how to use mobile and how to integrate from mobile devices to core systems; wireless telecom services; and managed wireless network outsourcing. Using data from Forrester's global technology industry market sizing for business and government in 2011 versus 2015, we calculate that the mobile spend will increase from 23% of the total in 2011 to 35% in 2015, or doubling from $675 billion to $1.301 trillion.

第十二章

1 Agile development is a software development practice that delivers new functionality every two to four weeks. Customers get new features on a regular cadence, and the company gets to rapidly launch, learn, and extend without taking

huge risks. Agile development is more like iterative evolution with change built in the process: Features that work are extended; features that don't work are changed or retired ("deprecated" is the word your software teams will use).

2 Kurt Bittner, "Continuous Delivery Is Reshaping The Future Of ALM," Forrester report, July 22, 2013, http://forr.com/mms12-2.

3 In customer experience organizations, this person is often called a business analyst, but if so it's one with veto power and responsibility for outcomes.

4 Diego Lo Guidice, "Embrace Holistic Change To Achieve Agile Results," Forrester report, April 27, 2012, http://forr.com/mms12-4. Agile is popular for development teams, but in order to get the benefits across the organization, something more fundamental is required: holistic change—a change or transformation to processes, organizational models, development practices, tools, and architecture. Forrester recommends a holistic change approach based on Lean principles that includes building the right change team and aligning delivery and business teams.

5 This information is from a Forrester report by Jeffrey A. Hammond that was not yet published at the time this book went to press.

6 Ted Schadler and John C. McCarthy, "Wanted: Mobile Engagement Providers," Forrester report, August 6, 2013, http://forr.com/mms12-6. The challenge of making a simple, intuitive app that fronts a complex system of engagement stretches the abilities and swamps the resources of most frms. For help, firms increasingly turn to vendors that possess a connected portfolio of engagement competencies and management skills. The result will be a new market for mobile

engagement providers that will grow to $32.4 billion by 2018. No vendor can do all of this today, but suppliers from six categories—digital agencies, management consultancies, mobile specialists, product development specialists, systems integrators, and telecommunications companies—are chasing the prize. The payoff for vendors that make this investment will be to earn a seat at your table as a long-term partner in your engagement success.

第十三章

1 Andrew E. Kramer, "Ukraine's Opposition Says Government Stirs Violence," *The New York Times*, January 21, 2014, http://forr.com/mms13-1.

2 David M. Cooperstein, "Brands Must Adapt To Customers' Higher Standards," Forrester report, August 20, 2012, http://forr.com/mms13-2.

3 Nick Summers, "Nest CEO Tony Fadell vows to make any privacy policy changes transparent and opt-in," *The Next Web*, January 20, 2014, http://forr.com/mms13-3.

4 "Ford VP: 'We have GPS in your car, so we know what you're doing'," RT, January 10, 2014, http://forr.com/mms13-4.

5 Fatemeh Khatibloo, "The New Privacy: It's All About Context," Forrester report, December 19, 2013, http://forr.com/mms13-5.

6 Matt Glynn, "First Niagara cutting 170 jobs, closing 10 branches," *The Buffalo News*, January 8, 2014, http://forr.com/mms13-6.

7 "Subway Restaurant Chain Selects Paydiant to Power Mobile Wallet,"

Paydiant press release, October 2, 2013, http://forr.com/mms13-7.

8 This information is from a Forrester report by Denee Carrington which was not yet published at the time this book went to press.

9 Meghan Walsh, "Pay-As-You-Drive Insurance Gets a Push From Progressive," *Bloomberg Businessweek*, July 9, 2012, http://forr.com/mms13-9.

10 You can find more information on Merck's human growth hormone injector at the Saizen website, http://www.saizenus.com/.

11 "Zapping mosquitos, and corruption," *The Economist*, June 1, 2013, http://forr.com/mms13-11.

12 James McQuivey, *Digital Disruption* (Amazon Press, 2013) http://forr.com/mms13-12.